De geit op het ijs

Van Michiel Hegener verschenen eerder bij Contact:

Guerrilla in Mori – Het verzet tegen de Japanners op Midden-Celebes in de Tweede Wereldoorlog (1990)
De bergen als bondgenoot – Reizen door vrij Koerdistan (1993)
Archeologie van het landschap – Langs de aarden monumenten van Nederland (1995)
Het duckdenken (1999)
Ons wilde oosten – De toekomst van de Veluwe (2002)

Michiel Hegener

De geit op het ijs

2002
Uitgeverij Contact
Amsterdam/Antwerpen

De hier opgenomen en bewerkte artikelen verschenen eerder in *NRC Handelsblad*, tussen 1985 en 2001.

Omslagontwerp www.artgrafica.com
Typografie Sander Pinkse Boekproductie
ISBN 90 254 1357 9
D/2002/0108
NUR 732

www.boekenwereld.com

Inhoud

De geit op het ijs

Winters lang dachten mijn vijf geiten dat alleen mensen en honden op ijs konden lopen – tot afgelopen zondag omstreeks kwart over twaalf.

Mijn eerste geit, Sprits, werd in augustus 1991 midden op straat in Den Haag aangetroffen toen ze een maand of twee was. Haar vrijheid was vrijwel zeker het resultaat van een geslaagde uitbraakpoging, gelet op de buurt waar ze werd aangetroffen waarschijnlijk uit een islamitische slagerij. Op het terrein van de dierenambulance, waar ik dagelijks langs kwam, heeft ze vervolgens een week keihard aan een touw staan blèren, waarop ik de fout maakte haar tijdelijk onder mijn hoede te nemen.

Achter mijn huis lag een riant, ongebruikt weiland van zeker zestig meter in het vierkant met brede sloten rondom, en een aarden dammetje plus hek voor in- en uitgaand verkeer. Sprits paste toen nog in een schoenendoos, dus een hok was snel getimmerd. Melk hoefde ze al niet meer, gras en water waren er in overvloed, en ze kon eigenlijk voor zichzelf zorgen.

Ik vergat twee dingen: in tegenstelling tot het schaap streeft de geit altijd naar verandering, bijvoorbeeld verandering van weiland. En geiten zijn groepsdieren. Alleen in een weiland vinden ze niks. Met een fanatisme waarvan alleen geitenbezitters zich een juiste voorstelling kunnen maken, was ze vanaf dag één

V.l.n.r. Bella, Bobbie, Bert, Sprits, Dennis

bezig om het weiland uit te komen, een keer of twee per week met succes. Hoe ze dat deed bleef vaak een mysterie, met uitzondering van de ontsnappingen over het bijna twee meter hoge houten hek. Ze nam een aanloop, sprong tegen een plank halverwege, zette zich in een doorgaande beweging verticaal af, en wist dan in ongeveer één op de vijftig pogingen aan de andere kant te belanden. Verhoging van het hek hielp weinig. De kunst was altijd om het punt te vinden vanwaar ze de sprongen rechtstandig voortzette en daar dan iets tegenaan te spijkeren. Uiteindelijk liep haar succesratio terug naar 1:250, waarbij haar gewichtstoename zeker een rol speelde.

Volgens geitenkenners moet iedere geit minstens één keer een sloot in lopen, en doen ze het daarna nooit weer. Sprits was daarmee vrij snel, op een dag toen het Hoogheemraadschap Rijnland, anticiperend op zware regenval, het peil zo verlaagde dat het wateroppervlak tussen haar weiland en de rest van de wereld veranderde in een modderoppervlak.

Pikzwart en drijfnat, met alleen een droge kop, liep ze even later door de tuin en door mijn blikveld. In de volgende winter ontsnapte ze nogmaals aan de dood toen iemand haar vond nadat ze door het ijs was gezakt, waarna ze een dag in een mand voor de kachel heeft moeten liggen. Sindsdien is Sprits met geen tractor de sloot in of het ijs op te trekken, zeker niet zolang het ijs er als ijs uitziet. Na een sneeuwbui, diezelfde winter, moest ze ooit diep uit de polder worden teruggehaald.

Al haar ontsnappingspogingen kwamen ten einde dankzij de bemiddeling van Piet Volbloed, sinds decennia een van de leidinggevende karakters op de renbaan Duindigt. Hij zou gezelschap voor haar zoeken, en deed dat: toen ik in de zomer van 1992 van een reis terugkwam stond, bijna onzichtbaar in het hoge gras, een zeer klein en fragiel bokje. Bertje is altijd een slechte springer geweest, maar liep wel volgens de regels binnen een paar weken de sloot in. Voor hem was dat genoeg: voor zover bekend heeft hij nooit een stap op ijs gezet.

Op 14 juli 1994 baarde Sprits Bobbie en Bella, en op 26 april 1995 Dennis. Van die drie is helaas alleen Bobbie een keer de sloot in gelopen. Dennis zit nog erg onder de plak van zijn moeder, en zal voorlopig niets doen wat hij haar niet eerst heeft zien doen. Resteert Bella, helaas ook de slimste van de vijf. Als ik haar als enige uit het weiland laat, loopt ze los achter me aan, krijgt in de keuken een boterham en loopt dan weer mee naar het weiland. Iedere andere van de vijf stort zich na verlaten van het weiland direct op de klimop of liguster. Net als Bella vinden ze brood zeker tien keer zo lekker, maar zij is de enige die zich los kan maken van de zintuiglijke werkelijkheid en de enige die bereid is vijftig meter langs allerlei planten te lopen zonder daar een hap van te nemen, met geen ander houvast dan het concept 'brood'.

De afgelopen weken had ik ze alle vijf al aan een reeks ijstesten onderworpen. Tientallen schaatsers en honden waren er niet in geslaagd ze op een idee te brengen en mij lukte het ook niet. Jammerlijk mekkerend sloegen ze me gade terwijl ik de sloot over liep, maar zelfs als ik brood bij me had deden ze geen stap verder dan de laatste graspol.

Een paar sneeuwbuien brachten hierin verandering, want de grens tussen weiland en sloot werd onzichtbaar. Natuurlijk had ik direct alle sneeuw moeten ruimen, althans aan de weilandzijde; de luiheid die me ervan weerhield heb ik inmiddels duur betaald.

Zondagmiddag had Bella het ineens door, en na twee stappen was ze zeker driekwart van haar angst kwijt. Over de sloot die ik vanachter mijn bureau kan zien, maakte ze vervolgens een reeks kwieke passen, alsof ze op cursus was bij Emile Ratelband. Met veel meer reserve volgde Bobbie haar een heel klein stukje, als ik het goed gezien heb alleen met zijn voorhoeven terwijl de rest op de wal bleef. Acute maatregelen waren nodig! Er was een grote kans dat ze binnen een paar minuten alle vijf zouden weten hoe kort de weg naar de liguster en de klimop was. Ik stoof de tuin in, sloot Bella op in een schuur, en hakte een wak. Soms moet je geiten krachtig aanpakken. Bella kon terugkomen, en ik sleepte haar bij haar nekvel naar het open water, tot ze er even met haar voorpoten in wegzakte. Tjakka! Vervolgens Bobbie, en deze hele operatie met veel stemverheffing. Niet al te lang daarna hun voorpoten afgedroogd, in de hoop dat ze geen kou zouden vatten maar dat de les ze wel bij zou blijven.

Een paar uur later zag ik hoe Bella elders een nieuwe oversteek maakte, aandachtig gadegeslagen door de rest. Ik stormde naar buiten. Of Bobbie mee had gedaan of niet kon me niks schelen: allebei opnieuw met de voorpoten het wak in (en weer afgedroogd). Dit schrijvende zijn we een etmaal verder en lijkt Bella iets geleerd te hebben. Maar wat? Dat de sloot alleen op bepaalde plaatsen gevaarlijk is, of dat ik gevaarlijk ben, of dat open water gevaarlijk is?

Misschien dat een tweede maatregel meer effect heeft gehad dan de poging tot gedragscorrectie. De thermostaat van mijn boiler heb ik gisteren bijgesteld tot dicht bij het kookpunt. Sindsdien loop ik met emmers gloeiend water naar het weiland en giet het langs de grasrand. Alle sneeuw en de rafelige bovenlaag van het ijs smelten, om daarna weer glad en donker vast te vriezen tot ijs dat maximaal op water lijkt.

Maar de capaciteit van mijn boiler was ontoereikend om het hele weiland zo te vergrendelen, en de behandeling moest na iedere sneeuwbui worden herhaald. Ik beperkte me daarom tot het deel waar de geiten zich doorgaans ophouden, aan de tuinzijde. Angst voor het onbekende moest de rest doen. Helaas. Ter hoogte van een stuk onbehandeld ijs zaten Bella en Bobbie en tot mijn verrassing ook Dennis ineens met dikke hapwangen – tsjomp, tsjomp – in een perk bij de buren. Het zal niet weer gebeuren. Sindsdien, en tot de dooi inzet, zit de hele kudde in een schuur. Alleen Bertje mag af en toe alleen het weiland in.

Mogelijk is Bella de eerste geit in de evolutie die iets begrijpt van het verschil tussen water en ijs. In dat geval, en als Rupert Sheldrakes 'morfogenetische velden' inderdaad bestaan, zal ze zeker niet de laatste zijn, en heb ik massa's medegeitenbezitters via haar in problemen gebracht. Excuses.

(12-2-1996)

Bobbie en Bella zijn verkouden

Het MKZ-nieuws was al even in de lucht toen ik het voor het eerst bewust hoorde, met een half oor, van een nieuwslezer: runderen, varkens, schapen en geiten kunnen MKZ krijgen. *En geiten.* Sommige van mijn beste vrienden zijn geiten. Sprits (10), Bert (9), Bobbie (7), Bella (7) en Dennis (6) wonen in een weiland met sloten rondom, dat zestig meter achter mijn achterdeur begint. Bert is een Okkendaler en bijna twee meter als hij op zijn achterpoten staat, de andere vier zijn dwerggeiten. De laatste keer dat een deel van het vijftal verder dan zestig meter buiten het weiland kwam was eind 1994, toen Bella en Bobbie onder gejuich van de omstanders de plantenbakken in een basisschoollokaal leegaten terwijl mijn buurmeisje een spreekbeurt hield over 'het leven van de geit'. De kans dat een MKZ-virusdeeltje in het geitenweiland belandde was kleiner dan de kans dat een van de bewoners werd getroffen door een meteoriet of een stukje Mir. Denk je eerst. Maar je blijft denken. Op 4 februari wandelde ik nog op het Engelse platteland. Gegarandeerd dat er een paar gram modder uit Wiltshire in het weiland belandde. Niet best. Ik was op een boerderij in Oene. Wanneer? Agenda erbij. Goed, dat was twaalf dagen voordat die besmette Ierse kalveren daar arriveerden. Wie kwamen er, behalve ikzelf, de laatste weken in het weiland? Een kennis uit Amsterdam. Waarschijnlijk goed. En een grondaannemer die de hele regio bedient. Minder goed. Landkaart erbij. Ook niet goed. Een gevaarlijk grote boerderij blijkt exact op de éénkilometergrens te liggen. Voor het geval MKZ daar uitbreekt: rekenen de Rijksafmaakploegen vanaf de boerderij of vanaf de grens van het land? Heeft het zin een bak desinfecterend middel bij het weiland te zetten als de eenden, ganzen en ooievaars die dagelijks tussen de geiten kwaken, grazen en rondstappen er toch aan voorbij gaan? Ze komen gegarandeerd in weilanden waar vogels komen die in weilanden komen waar vogels komen die in weilanden komen waar vogels komen die Olst en Oene aandoen. En misschien wel het ergst van alles: in Engeland gaan dagelijks miljarden roet- en andere deeltjes de lucht in waar het virus zich vasthechtte voordat het door de hitte werd uitgeschakeld. Of is dat onzin? 'Nee, dat kan absoluut,' zegt viroloog Simon Barteling, tot voor een jaar werkzaam bij het Instituut voor Dierhouderij en Diergezondheid (IDD) in Lelystad, en nu als adviseur betrokken bij MKZ-bestrijding in Zuid-Afrika. 'De kadavers zijn vochtig, veel gaat al bij honderd graden als stoom de lucht in en koelt dan snel weer af. Het MKZ-virus zit soms ingepakt in andere eiwitten en kan dan heel resistent zijn.' Of die resistentie hoog genoeg is voor een oversteek naar Nederland weet Barteling niet, wel dat de deeltjes zouden kunnen neerdalen en een volgende besmettingshaard zouden kunnen vormen. 'Iedereen vermoedt: verbranden is verbranden, maar voor zover ik de literatuur ken, heeft niemand erover nagedacht. En ook niet over de vraag waarom MKZ bij álle evenhoevigen verdwijnt als je alleen de runderen vaccineert.' Dat eenden en andere luchtreizigers MKZ naar ogenschijnlijk veilige weilanden kunnen brengen lijkt hem 'een heel gering risico' en bewijs dat het ooit gebeurde ontbreekt. Maar eenden en ganzen met mest aan hun platvoeten? 'Die zijn in principe een risico,' wil Barteling wel beamen. Hij is sterk voorstander van ringvaccinaties rond nieuwe uitbraken, en zonder dat de geënte dieren alsnog worden afgemaakt. 'Er is niks mis met ze.' Het verhaal dat sommige gevaccineerde dieren het virus kunnen dragen en verspreiden is volgens Barteling 'voor zoete koek aangenomen. Het is nooit aangetoond, het is een ongefundeerde angst.' Enten dus, ringsgewijs of in het hele land. Barteling stelt zich bij deze beschikbaar om dat als mensenrecht te verdedigen bij het Europese Hof: 'Als mens mag je elk geneesmiddel gebruiken – maar het is verboden een dier dat aan jouw zorgen is toevertrouwd te beschermen tegen een akelige ziekte.'

De lastigste vragen moet ik zelf beantwoorden. Als de geiten iets vertonen wat MKZ zóú kunnen zijn. Melden? Ze schijnen na een paar weken vanzelf weer beter te worden. Mocht er één blijvend en ernstig kreupel worden, dan timmer ik wel een rolstoel. Ben je strafbaar als je MKZ niet meldt? Niet als je dacht dat het heel iets anders was natuurlijk. Eergisteren werden die vragen ineens acuut: Bobbie snotterde een beetje en Dennis had wat hard snot rond zijn neusgaten. Een minuut of drie was ik in de greep van een dilemma. Worden dieren ook geruimd als ze héél misschíén MKZ hebben? Dan kon ik het beter een paar dagen aanzien. Maar wat als ik het aanzie en het blijkt wel MKZ? Half Zuid-Holland geïnfecteerd omdat iemand het belang van vijf geiten zwaarder liet wegen dan dat van duizenden omwonende evenhoevigen! Dat laatste visioen heeft zich nog niet half geopenbaard, of ik bel de veearts. Twee uur later maakt hij een eind aan de onzekerheid: geen blaasjes op Bobbie's mond, dus geen MKZ. Pfff!

Gisteren, 15.00 uur. De telefoon. De veearts. Hij heeft 'het grote geitenboek' erop nageslagen en een topexpert geraadpleegd. Uitslag: MKZ kan bij geiten sóms beginnen in de neus. Waarschijnlijk is het ver-

koudheid, maar dat ik in Engeland was baart hem zorgen en melding bij de Rijksdienst voor Vee en Vlees (RVV) is niet te vermijden. Wat ze gaan doen weet hij niet. Vermoedelijk zullen ze alleen bloedmonsters nemen en een quarantaine afkondigen, maar hij kan niet garanderen dat Bert, Sprits, Bella, Bobbie en Dennis de zon nog zullen zien ondergaan. Drie ellendige uren later meldt hij zich weer, nu in twee nauwsluitende blauwe wegwerpoveralls over elkaar, een blauwe nauwsluitende pet en fabrieksnieuwe laarzen. Achter hem staan twee dito geklede medewerkers van de RVV, met kilo's oningevulde formulieren en een lading lege bloedmonsternaalden. Een uur later is mijn rust van een etmaal eerder voor driekwart terug: geen van de vijf vertoont tekenen van MKZ (koorts, blaasjes), al komt de RVV ze vandaag en morgen opnieuw onderzoeken en zijn de bloedmonsters van Dennis en Bobbie gisteravond nog naar het IDD gebracht. Uitslag over één tot twee weken. Quarantaine is voorlopig niet nodig en de familie zit in de gunstigste MKZ-categorie van de RVV: onwaarschijnlijk. Zeer onwaarschijnlijk, maakte de chef van de RVV-delegatie er na het onderzoek aan de keukentafel van. 'Ik zal blij zijn als dit met een sisser afloopt,' verzuchtte de veearts, nog steeds in het blauw.

Met dierdestructie en vervoersverboden kunnen we MKZ niet uitschakelen, zeker niet zolang het waait; alleen met een enorme lading geluk erbij zou die aanpak kunnen slagen. Maar met een vaccinatieprogramma is het hele probleem snel bezworen, denkt Bert, die tijdens het RVV-onderzoek haast al het lokbrood confisceerde en net met drie boterhammen in zijn mond wegrende toen ik het door kreeg. Hij stelt verder dat een einde van de vleesexport naar Amerika juist een prachtige kans is om van al die dier-, natuur- en landschapsonvriendelijke varkens- en kalvermesterijen af te komen. En hij zal geen nacht wakker liggen van een daling van 'het vertrouwen van de consument in vlees', zoals regeringswoordvoerders het noemen. Bert is geen minister van Landbouw, maar van mij mag hij het zo worden.

(26-3-2001)

Haas-1, haas-2 en haas-3

Mooi, helder weer had een paar uur eerder plaats moeten maken voor regen en gure wind. Van het begin van het voorjaar was weinig meer te merken, totdat ik kort na halfzes buiten twee kraaien druk bezig zag met iets kleins, bruins en ronds. Ze pikten erin, namen het in hun snavel en gooiden het een stuk weg. Even dacht ik dat het een graspol was, en het ging om *corvi ludentes*, of tenminste één *corvus ludens* – maar helaas. Toen een van de twee met het bruine object de lucht in vloog en het vanaf een paar meter hoogte liet vallen, verplaatste

het zich een stukje. Duidelijk geen rollende graspol, maar een dier in levensgevaar. Minder dan een minuut later was ik ter plaatse, verjoeg de kraaien, en ontwaarde in het natte gras een jonge haas van nog geen vijftien centimeter lang. Hij liet zich zo oprapen en trilde als een oordeel, maar had nog wel de energie om heftig te piepen zodra ik hem beet had – vrijwel precies hetzelfde geluid dat een op de grond gevallen vleermuis vorige zomer maakte toen ik hem hulp wilde bieden.

Hij bloedde aan zijn linker voorpoot, maar leek verder redelijk in orde. In een belendend weiland, aan de andere kant van een sloot, zaten de kraaien ondertussen te wachten tot ik weer weg was.

Terwijl de haas binnen bij lag te komen in een doos met hooi, zag ik vanachter mijn bureau tot mijn genoegen hoe de kraaien hem tevergeefs probeerden terug te vinden. Dat genoegen duurde maar kort, want nog geen vijf minuten later waren ze een andere kleine haas aan het maltraiteren. Weer als een haas naar het weiland. Zodra ze me zagen maakten de kraaien dat ze wegkwamen, maar ze waren niet de enigen. Haas-2 trok een sprint naar een verre hoek van het weiland waar op datzelfde moment een grote haas, stellig zijn moeder, in beweging kwam. In de hoop dat ze er niet vandoor zou gaan bleef ik bewegingloos staan. Te laat. Met een paar grote sprongen was ze bij de rand van het weiland, zoefde de sloot over en verdween zonder omkijken richting Leiden. Haar zoon of dochter wilde haar volgen, raakte het spoor bijster, en dook in de minstens vijf meter brede Veenwatering die het weiland aan de zuidoostkant begrenst – dezelfde waterweg waarover Koningin Wilhelmina zich in een ver verleden liet transporteren van het einde van de Bezuidenhoutseweg naar het landgoed De Horsten in Wassenaar. Haas-2 had er meer moeite mee, en ik moest vanaf de oever aanzien hoe hij in het midden, kennelijk zonder land in zicht, rondjes begon te zwemmen. Maar uiteindelijk belandde hij aan de overzijde, met nog net genoeg energie om twee decimeter landinwaarts te kruipen.

Tien minuten later, om precies 18.00 uur, was hij afgedroogd en lag hij als een vaatdoek naast haas-1 in het hooi. Wat verder te doen? Dat ze allebei ruim twee ons wogen zei niets. Waren ze al gespeend? Wilden ze na recuperatie een wortel? Werden ze gezocht door hun moeder? In de hoop die laatste vraag te kunnen beantwoorden observeerde ik het weiland langdurig en zorgvuldig, maar alleen de kraaien lieten zich zien. Wat ze er zochten bleek om 19.20 uur, toen de tot dat moment onbekende haas-3 naar een smalle drainagegreppel spurtte in de hoop daar voor de kraaien onvindbaar te zijn.

Hij liet zich niet makkelijk vangen. Mijn en zijn topsnelheid bleken ongeveer op hetzelfde niveau te liggen, maar ik verloor bij het haken slaan. Daar kwam bij dat ik afhaakte zodra hij een sloot naderde. Niettemin stortte ook haas-3 zich met heldenmoed in de ijskoude Veenwatering. Maar halverwege keerde hij wijselijk om, zwom zich klem tussen twee planken van de beschoeiing en was even later onderweg naar de doos met hooi.

Haas-3 kort voor zijn vrijlating

Dit schrijvende is het 21.30 uur. Haas-3 is een halfuur geleden ontsnapt en bleek uiteindelijk achter de ijskast te zitten. Sindsdien bivakkeren ze met z'n drieën in een caviakooi, ook met hooi. Ik bleek nog in het bezit (met dank aan de redactie van de Boekenbijlage van zeven jaar geleden) van *Something in a Cardboard Box* van Les Stocker (Chattoo & Windus 1989), waarin staat dat de jonge haas vraagt om geitenmelk en paardenbloembladeren. Maar het laatste wilden ze niet en het eerste was al drie maanden niet meer leverbaar. De geit in kwestie, hokkend in het weiland waar de hazen gelegerd waren, heeft haar jongste lam in januari op een zuivelloos dieet gezet.

Gelukkig houden hazen ook van koemelk. Haas-1 en haas-3 hebben inmiddels elk ruim drie kubieke centimeter gedronken uit een naaldloze injectiespuit. Haas-2 hoefde maar krap twee cc, wat toch nog overeenkomt met een halve liter bij omrekening naar het lichaamsgewicht van de gemiddelde ambtenaar. Die heeft met dit verhaal wel iets te maken, want een paar gemiddelde provinciale ambtenaren hebben besloten dat er langs de Veenwatering een geasfalteerd fietspad moet komen, dwars door een ongerept, eeuwenoud landschap, en precies over de zeer faunarijke grens van de ongerepte Duivenvoordse Polder en een brede zoom van eeuwenoude landgoederen. De plaats waar haas-2 aan land ging, zal dan het domein zijn van razende brommers en onaangelijnde honden. Er komt nog een inspraakronde, maar aan de ijsvogels, de vleermuizen, de ooievaars, de bunzingen, de spechten, de buizerds, de mollen en de hazen wordt natuurlijk weer niks gevraagd – terwijl het hún woonruimte is.

Naschrift op 2 april: Het is nu vijf dagen later. De hazen drinken om de vier uur ongeveer 15 cc boerenlandmelk per haas, en zijn alle drie ongeveer dertig procent in gewicht aangekomen. Uit een wortel zijn inmiddels de eerste verkennende happen genomen, verdere belangstelling voor groente ontbreekt nog.

Naschrift op 23 april: Het project loopt ten einde. Haas-1 vertrok in de vroege uren van 15 april naar de eeuwige knollenknollenlanden nadat het al een week niet goed met hem ging. Maar haas-3 en -2 wegen elk meer dan 400 gram, en blaken van energie. Ze brengen de dagen door in een grote ren, vlak bij hun geboorteweiland. Bij vermeend gevaar drukken ze zich zeer plat in het gras, tot je te dichtbij komt. Dan trekken ze in minder dan een fractie van een seconde op van 0 tot zeker 30 kilometer per uur, maken een halve haaslengte voor het gaas vlijmscherpe U-turns zonder snelheidsverlies, maar botsen wel soms frontaal tegen elkaar. 's Nachts zitten ze nog in het caviahok, 's avonds mogen ze los. Haas-2 gaat meestal rustig achter een rij boeken zitten, haas-3 daarentegen springt overal op en in. Toen ze ook overdag nog binnen waren, rende -3 soms ineens onder mijn bureau door, of lag in de vensterbank in de zon als ik thuiskwam. Ze krijgen elk nog twee injectiespuiten melk per dag, verder consumeren ze veel wortels en paardenbloembladeren. Als het over een week niet al te slecht weer is, zal ik met zeer gemengde gevoelens een gat maken in het gaas van de ren.

(9-5-1996)

Konijn tussen virus en kat

Zaterdag 19 augustus, 13.00 uur Het moment is gekomen. Ik bel mijn veearts, word doorgeschakeld naar een onbekende weekenddienstveearts, en zeg dat ik een konijn heb dat afgemaakt moet worden. Dat kan, om twee uur verwacht hij me. Nee, ons.

Lucky werd begin mei 2000 geboren onder een bouwafvalcontainer die op 15 mei per vrachtauto werd afgevoerd. Terwijl de container loskwam van de grond liepen er zeven bruine konijnen van misschien tien centimeter per stuk verdwaasd alle kanten op. Even later zaten ze in een klein konijnenhok in een schuur, honderd meter van hun geboorteplaats. Onder veel geklieder voerde ik ze tweemaal daags geitenmelk, tot dag vier, toen hun negen jaar oude, witte, halftamme moeder ineens tegenover me zat. Met grote ogen keek Rabbit toe hoe Lucky of een van de anderen half wit van de melk op zijn rug in mijn hand lag te ontbijten. Ik sloot de schuur, liet alle jongen los, en was getuige van een feest van herkenning en konijnenemoties dat iedereen had moeten zien.

Rabbit voedde haar kinderen na de hereniging onberispelijk, maar liet het daarbij. Konijnen bewaken hun soort door met velen te zijn en vanaf ongeveer 22 mei waren de jongen niet meer te houden in hun zwerfdrift. Een paar keer zocht ik ze nog bij elkaar door oud hout op te tillen en achter struiken te zoeken, en vond er steeds minder. De kat van de buren weet er zeker meer van. Maar Lucky vond ik bijna elke dag, en anders vond zij mij wel. Ze was eenvoudig herkenbaar aan een spoor van een katten- of buizerdklauw over haar hele rechter bil, at spoedig stukjes brood uit mijn hand en opereerde steeds vaker met haar zusje Plucky. Als ik door de tuin liep kwamen ze vaak samen aanrennen – totdat Lucky myxomatose kreeg, een gemene ziekte, exclusief voor konijnen. Ogen gaan dicht zitten, oren en neus idem, allerlei slijmvliezen ontsteken, resulterend in uitputting tot een trage dood erop volgt. Rabbit leek het te krijgen. Met wratten over haar hele lichaam en etterende ogen bracht ik haar 14 augustus naar de veearts. Hij vreesde het ergste, gaf haar toch een shot antibiotica voor het geval het wat anders was en mij een tube oogzalf om haar driemaal daags mee te bedienen. Een paar dagen lag ze voor apegapen in een geïmproviseerde ren – bezoekers die haar zagen wendden geschokt de blik af. Maar vanaf dag drie herstelde Rabbit als een raket, uitstulpingen en ontstekingen verdwenen en ten slotte het hele konijn: bij wijze van omgekeerde goocheltruc verwijderde ze zich uit haar isolement door rechtstandig omhoog te springen en zich op beide voorpoten omhoog te drukken tegen de bovenrand, terwijl ik machteloos uit een bovenraam toekeek.

Lucky kreeg dezelfde prik en zalf, maar zonder resultaat. Blind en apathisch zat ze ’s nachts binnen in een aan het strand gevonden Bretonse viskrat, overdag buiten in een ren. Tot het dus echt niet meer ging.

Maar wat is 'echt niet meer'? Na het telefoongesprek spurtte ik meteen de tuin in om nog eens goed te kijken, en trof Lucky druk doende zich te wassen. Daarna begon ze aan een wortel. Meteen weer naar de telefoon om het inslapen af te zeggen. Misschien later, en de veearts had er begrip voor.

21 augustus Het is net donker. Een paar keer leek het vandaag een misdaad om Lucky niet te laten afmaken en tegen zessen was het besluit genomen om het er morgen maar van te laten komen. Nog even kijken, voor de zekerheid. Geen Lucky – en tien meter buiten de ren wel, tevreden over haar sprong in het duister over een 45 centimeter hoge barrière, hard hijgend, en etend van onzichtbaar gras. Besluit genomen: zolang Lucky kan lopen mag ze ook lopen.

22 augustus Plucky heeft ook myxomatose. Ze is nog volop vitaal maar haar oogleden raken ontstoken. Om een niet-blind, halftam konijn te pakken heb je één kans; als die mislukt moet je weer een paar weken vertrouwen opbouwen voor hij dichtbij durft te komen. Het lukte: konijn en kans waren in één keer gegrepen, Plucky schreeuwde minstens een minuut terwijl ik haar tegen het gras drukte. Een halfuur later waren we bij de dierenarts, die haar volspoot met antibiotica. Niet tegen het myxomatosevirus, want daartegen helpt niets, maar tegen de infecties die volgen op de verzwakking. Ze moest ook een week antibiotica in haar drinkwater krijgen, dus gevangen blijven, en dus bij Lucky in de ren.

29 augustus Twee nachten sliepen Plucky en Lucky

dicht tegen elkaar aan in een bergje droog gemaaid gras, de een nog sterk en groot, de ander stekeblind en broodmager. De 25ste leek Lucky in goeden doen: ze poetste zich uitvoerig en was langdurig aan het eten, deels omdat eten haar zoveel moeite kostte. Ze dronk veel maar moest dan wel een waterbak onder haar opgezwollen neus geduwd krijgen. Aan het begin van de avond zat ze een tijd opvallend stil en toen ik haar oppakte was ze zo slap als een touwtje. Een uur later overleed ze met haar hoofd op een wortel.

Tijdens de begrafenis zoefde Plucky met halfopen ogen uit de even niet goed afgedekte ren, en leek het konijnenzorgproject ten einde. Later die avond was ze vrolijk met Rabbit aan het grazen en holde weg als ik op minder dan een paar meter afstand kwam. Ze waren de twee laatste van de ongeveer tien konijnen die in juli nog rond mijn huis renden.

Vandaag kwam ik terug van vier dagen buitenland en was Plucky onvindbaar tot ik haar na lang zoeken zag drijven in een sloot, 200 meter van mijn huis. Blind geworden natuurlijk en verdronken.

2 september Alleen Rabbit resteerde, leek het even. Half augustus had ze een hol gegraven tussen een lading rondslingerend bouwafval en 31 augustus was ik zo stom de rommel op te ruimen zodat de ingang, dichtgestopt en gecamoufleerd volgens de beste konijnentradities, onvindbaar werd. De volgende dag liep Rabbit lang zoekend rond. Bij wijze van test strooide ik wat wit zand over de ingang en de volgende dag lag het er nog net zo. Als Rabbit weer kinderen had en áls ze nog niet van dorst waren omgekomen, of van zuurstofgebrek misschien, dan moest ik snel zijn. Met een schep schraapte ik de bovengrond af, vond de ingang, groef door en had even later vijf kleine konijnen in mijn handen: twee lichtgrijs, twee donkergrijs en één hagelwit. Allemaal een centimeter of zeven kort. Ogen halfopen. Magen helemaal leeg: alsof ze het al honderd keer hadden gedaan, dronken ze stuk voor stuk in hoog tempo een halve naaldloze injectiespuit koemelk.

Een uur later verscheen Rabbit bij het open hol, zag waar het ook alweer was, zag ook dat er iets goed mis was en naderde traag, met langgerekte passen de ingang. Met maximaal gestrekt lichaam verdween ze

behoedzaam in de kleine tunnel tot alleen haar staart nog te zien was. Zeker vijf minuten bleef ze roerloos zitten en maakte een zacht koerend geluid: kennelijk konijnentaal voor groot verdriet. Het geluk was echter nabij. Nog even de schrik toen ik haar bij het verlaten van het lege hol in haar nekvel greep – en kort daarop de feestelijke hereniging.

20 oktober Zeven weken woonden Rabbit en haar kinderen in een hoek van mijn woonkamer, achter een losse deur op zijn kant. Tijdens de verbouwing slaap ik in diezelfde kamer en zeven weken lukte dat alleen met herriestoppers omdat mijn zes kamergenoten tegen drieën altijd een maaltijd organiseerden.

Inmiddels zijn de jongen elk langer dan twintig centimeter: te groot voor een kat, lijkt me, en dus is het tijd voor een buitenren. Eerst Rabbit erin, daarna

Links Rabbit, rechts Turfje

de rest. Veel opwinding over al het nieuwe, in het bijzonder over de mogelijkheid zeven meter in een rechte lijn te rennen; binnen moest dat in rondjes. Rabbit springt spoedig over het gaas de ren uit.

22 oktober Rabbit springt 's avonds de ren weer in om melk te geven. En kort daarop er snel weer uit. Maar tegen middernacht blijkt er ook een klein konijn verdwenen te zijn en hij is nergens terug te vinden. Ik concludeer dat zijn vrijheidsdrang groter was dan het gaas hoog.

24 oktober Kort na middernacht een felle gil. Drie tellen later ben ik buiten, en zie een onbekende, enorme, oranjerode kat wegvluchten. In de ren bloedt een konijntje uit zijn nek en het lot van het verdwenen konijn is me duidelijk. Nadat de drie anderen zijn opgesloten in mijn katvrije badkamer, komt het slachtoffer een heel klein beetje bij van zijn shock, maakt nog wat bloedvlekken in mijn overhemd en lijkt dan langzaam te stabiliseren. Tegen halftwee laat ik hem alleen met de drie anderen en spoedig slapen ze dicht tegen elkaar aan. 's Ochtends lijkt zijn situatie niet slecht: hij scharrelt rond en eet, maar een paar uur later wordt zijn ademhaling moeilijk. Weer bellen met de veearts, nu voor een afspraak om een konijn in leven te houden. Of het nog twee uur kan wachten, vraagt de assistente. Ik aarzel, beaam, hang op – en zie kort daarop dat het niet kan wachten. Terwijl de kat waarschijnlijk ergens op een stoel of bank ligt te spinnen en zijn eigenaar aan de theevisite vertelt dat het zo'n heerlijke dondersteen is, scheur ik, snelheidsbeperkingen negerend, richting veearts met een klein, hijgend konijn op mijn achterbank. In een wanhoopspoging aan zijn benauwdheid te ontsnappen, springt hij uit zijn doos en zit even later tussen de gas- en de rempedaal. Met één hand sturend bij een kilometer of tachtig per uur, vang ik hem en leg hem terug in de doos. Als ik een minuut later achter me kijk, nog steeds bij hoge snelheid, ligt hij bewegingloos op zijn rug, zijn mond halfopen en even mooi als hij altijd was.

2 november De drie resterende konijnen maken het goed en vinden het volkomen normaal dat ze de nachten doorbrengen in een badkamer met hooi in een hoek. Rabbit wordt gek als ik haar opsluit, dus loopt ze door de tuin en het weiland daarachter, zoals ze al tien jaar doet. Om een uur of negen 's ochtends gaan de jongen in de ren. Binnen een paar minuten komt Rabbit dan altijd aanrennen, springt via een omgekeerde speciekuip over het gaas en voedt haar drie kinderen, die nu bijna even groot zijn als zijzelf. Een vermelding in het *Guinness Book of Records* als de langst gezoogde konijnenjongen begint een reële mogelijkheid te worden. Dan help ik Rabbit weer naar de vrijheid en gaat er een nylon net over de hele ren, tot de dag dat de jongen zo waanzinnig groot en sterk zijn dat ze zonder mankeren katten kunnen uitschakelen.

(8-1-2000)

Naschrift, 29 juni 2002 Een samenvatting van het bovenstaande stond op 8 januari 2000 in *NRC Handelsblad*, met foto van Rabbit en haar vijf kinderen. Ik vertelde Rabbit dat ze waarschijnlijk het bekendste konijn van Nederland was, maar lang kon ze er niet van genieten. Het vroor hard en een paar dagen later was het volle maan: vossen uit de Duivenvoordsepolder konden over het ijs de tuin inlopen en een elf jaar oud, lichtgekleurd konijn was met hulp van het maanlicht snel gevangen. Dat had ik natuurlijk van tevoren moeten bedenken. In de nacht van 13 op 14 januari verdween ze voorgoed. Uitgebreide zoektochten in de polder leverden niks op.

Eind maart kreeg ik drie keer een delegatie van de Rijksdienst voor Vee en Vlees over de vloer en het gras (zie hoofdstuk 2) omdat mijn geiten heel misschien MKZ hadden. Maar de drie resterende konijnen hadden een paar dagen na die RVV-visites wel VHS, een konijnenvirus dat nog veel dodelijker is dan myxomatose: het slachtoffer graaft een hol of rent door zijn ren, niks aan de hand, en twee uur later is hij dood. Twee van de drie bezweken – één, het hagelwitte konijn, Turfje, bezweek bijna. Koorts, zo slap als een vaatdoek. Twee dierenartsen gaven haar bij voorbaat op, een derde probeerde een mix van alle antibiotica die hij kon bedenken, ook al helpen die niet tegen het virus zelf. Na een paar dagen krabbelde Turfje overeind en terwijl ik dit schrijf rent ze als een speer over het gras. Een vrolijker en vitaler konijn is niet snel gevonden. Ze is zindelijk, ligt 's winters uitgestrekt op het kleed voor de kachel en springt op de bank als ik daar een boek lees. Zodra het gaat schemeren komt ze altijd naar binnen en gaan de tuindeuren dicht; als ik 's ochtends om een uur of acht nog niet op ben om ze te openen, springt ze net zo lang op mijn bed en er weer af tot ik in actie kom.

Tot twee jaar geleden had ik een keihard standpunt over huisdieren: heel leuk voor in de tuin of in het weiland, zeker als ze een beetje selfsupporting zijn zoals mijn geiten of Rabbit. Maar nooit binnenshuis, want ik ben vaak het land uit, soms weken achter elkaar. Om diezelfde reden heb ik geen planten. Voortgestuwd door een gletsjer van konijnengeluk en konijnendrama's dreef Turfje zich als een wig in mijn autonomie. Ik zou haar kunnen laten verwilderen: tuin en weiland zijn meer dan groot genoeg, er staan schuren als schuilplaatsen en haar moeder bewees dat een beetje konijn het er jaren kan volhouden. In plaats daarvan zit ze elke dag binnen zodra de vossen wakker worden en krijgt ze elke zes maanden haar myxomatose- en VHS-prik. Dit komt nooit meer goed.

Het raadsel scholekster

Bijna had ik ze platgetrapt: drie scholekstereieren, medio april, diep in het weiland, midden in het gras. Meteen een paar flinke stokken als bakens eromheen geprikt. Sinds 1998 broeden in die hoek elk voorjaar scholeksters – vermoedelijk steeds dezelfde, al weet je dat bij scholeksters niet zeker – waarbij opvalt dat ze alleen broeden als er niemand kijkt, en mogelijk helemaal nooit. Altijd liggen die eieren daar maar. Dit jaar was het niet anders, al lag er een ei meer dan in voorgaande voorjaren. Enkele meters verder, aan de waterkant, houdt een meerkoet acht eieren op temperatuur en heeft daar een dag- en nachttaak aan. Alleen als ik te dichtbij kom begeeft ze zich kortstondig in de sloot. Een eend, onder een braamstruik veel dichter bij het huis, verliet haar eieren voor zover ik kon vaststellen precies één keer in 23 dagen.

De natuur is ondemocratisch, maar dit gaat wel erg ver. Scholeksters komen weg met een broeddiscipline die andere vogelsoorten op uitsterving zou komen te staan, en als ík zo kort op mijn stukjes broedde ging ik failliet. Ze stappen een beetje in het rond bij hun nest, verder gaat hun betrokkenheid niet; zelfs het afleiden van bezoekers vinden ze te veel moeite, al zou het kunnen dat ze me herkennen.

Of lijkt die onverschilligheid maar zo? Feit is dat de eieren nooit echt koud aanvoelen. En belangrijker nog: jaarlijks komen er kuikens uit. Op een dag zie je ze ineens rondrennen, meestal pas als ze merelgroot zijn. Dit jaar was de ontmoeting eerder: op 15 mei halverwege de middag zat in twee eieren een klein gaatje. Terwijl hun ouders een stuk verder onbekommerd aan hun carrières werkten, werkten de kinderen zich kapot om hun schalen stuk te krijgen. Je leest altijd dat kuikens de schaal met hun snavel open pikken. Onbegrijpelijk, want om te pikken moet je je kop heen en weer kunnen bewegen en daarvoor ontbreekt juist de ruimte. Als ik in een ei zat zou ik zo veel mogelijk kracht zetten met mijn voeten, en dat was wat hier gebeurde: er waren stukken scholeksterkuikenvoet te zien, geen scholeksterkuikensnavels. Verder dacht ik altijd dat een beetje vogel binnen een paar minuten uit zijn ei is, maar twee uur later waren de gaten nauwelijks groter.

Ongeveer een etmaal na de eerste ontdekking was ik weer terug, in de overtuiging dat de jongen zich 's nachts hadden vrijgevochten, aan de wandel waren gegaan en dat er geen spoor van ze te bekennen zou zijn. Maar nee: één kuiken zat opgedroogd in het nest en keek rustig om zich heen, een tweede lag er nat naast, de derde was nog druk doende zichzelf ter wereld te brengen. Hun ouders leken iets meer moeite te doen om mijn aandacht af te leiden dan een dag eerder en daarvoor, maar het verschil was niet dramatisch. Helpen bij het schalen kraken kwam al helemaal niet bij ze op. Het gras is nog zo kort dat ik zeker weet dat er geen volwassen scholekster wegvloog bij mijn nadering.

Ik liep terug met de vraag of scholeksters dan helemaal niets aan kinderzorg doen – en kort daarop kwam het antwoord. Een zware hoosbui barstte uit inktzwarte wolken los over water en land, zeker vijf minuten lang, nog erger dan Erwin Krol had voorspeld. Zodra het weer droog was spurtte ik terug naar het nest. De grote scholeksters waren er tientallen meters van verwijderd, als altijd. Kuiken nummer drie was nog steeds in gevecht, nummer twee lag nog steeds nat voor apegapen in het gras – en nummer één was nog steeds kurkdroog.

(29-5-2001)

Alles over egels

Half december 1984, op een koude, mistige avond hoorde ik buiten zacht hoesten. Ik opende een raam, verplaatste een lamp, en zag in het schijnsel op het gras iets donkers en ronds. Het had een kokosnoot kunnen zijn maar ik wist meteen dat het een egel was. Ik greep mijn handschoenen, stoof naar buiten en arriveerde toen hij juist onder een struik wilde kruipen. Weer binnen met de inmiddels opgerolde egel, raadpleegde ik *Wat is dat voor een dier?* (Thieme, 1962) en las met schrik dat hij al zes weken had moeten winterslapen. Een fruitveilingkist werd vrijgemaakt en gevuld met krantensnippers, een schotel melk, een schotel rauw ei en de egel zelf.

De volgende ochtend waren niet alleen de melk en het ei verdwenen, maar ook degene die het had opgegeten of omgegooid. Na lang zoeken vond ik hem, diep in slaap, halverwege een opgerold oud tapijt. Op advies van een kenner plaatste ik kleine hoeveelheden water en hondenbrokken bij de uitgang van de rol. En inderdaad: in de volgende maanden verdwenen er om de twee of drie weken een paar happen van het voer (en de nacht nadat iemand urenlang met een elektrische boor bij het bivak aan de gang was geweest alles). In april verschenen sporen van verkenningstochten en kort daarna liet de egel zich gewillig uitzetten in zijn eigen tuin.

38 *Egel met gebroken poot, uit* The Complete Hedgehog

Had ik in die dagen beschikt over *The Complete Hedgehog* (1988) van Les Stocker, dan was deze redding veel minder eenvoudig verlopen – althans niet met een onbezwaard geweten. Ik had een razend ingewikkeld overwinteringshok moeten timmeren dat op z'n vroegst in de zomer klaar was geweest. Het voorschotelen van koemelk was de tweede fout: egels schijnen daar hondsberoerd van te kunnen worden. Ten derde had ik hem eerst moeten wegen want alleen egels van meer dan 500 gram (volgens sommigen 700 gram, volgens weer anderen 300 gram) mogen met winterslaap. En het ergst van alles: ik had hem om twee redenen helemaal nooit mogen pakken. *The Complete Hedgehog*: 'Pas in november, december of januari gaan de grotere egels met winterslaap. (...) Het oude verhaal dat egels in oktober met hun winterslaap beginnen is vrijwel geheel achterhaald.'

Daarnaast – maar dat staat niet in het boek – verbiedt de Nederlandse wet ons sinds 1917 om egels in huis te nemen. Nooddruftige exemplaren dienen te worden aangereikt aan een ministerieel goedgekeurd egelopvangcentrum. Volgens cijfers van mevrouw A. de Weert-Groeneveld van de Stichting Egelopvang Nederland is ondeskundige verzorging van nodeloos binnenshuis gehaalde egels doodsoorzaak nummer twee bij deze sympathieke insecteneters, na het verkeer.

'En ik schat dat voor ieder exemplaar dat bij een opvangcentrum wordt aangeboden 600 exemplaren door mensen in huis worden gehaald. Het is werkelijk verschrikkelijk,' aldus mevrouw De Weert, die sinds jaren een egelinformatietelefoon bemenst en tevens de redactie voert over de nieuwsbrief voor beheerders van de officiële opvangcentra. Daarvan zijn er nu 73, en dit betekent dat het openbaar ministerie in actie zal moeten komen zodra de oplage van *The Complete Hedgehog* in Nederland dat aantal overschrijdt, want de lezer krijgt een volledige cursus egelverzorging. Het is eigenlijk een illegaal boek.

Les Stocker beheert in Engeland een wildhospitaal met een unieke egelvleugel waar reeds duizenden egels genezing vonden. Foto's tonen egels met poten in het gips, egels op operatietafels met narcosemaskers op en egelwezen in couveuses. Dit alles in opperste ernst, en waarom ook niet. De Britse spoorwegen kennen inmiddels een *Hedgehog Express.* De Britse media roepen het publiek regelmatig op 'to look out for your local hedgehog' (Is hij kreupel? Loopt hij overdag rond? Heeft hij genoeg water?) En natuurlijk heeft Engeland een *Hedgehog Hotline.* Dit alles op initiatief van Les Stocker – vermoedelijk binnenkort Sir Les.

Zeer onderhoudend geschreven en boordevol briljante egelfoto's is *De complete egel* bijna zo leuk als een echte.

(5-3-1988)

Dierenleed

Een jaar of vijf geleden, in het holst van een stormachtige nacht, schrok ik plotseling klaarwakker door een woest klapperend geluid. Even dacht ik aan een nachtmerrie, maar toen ik mijn benedenbuurman om stilte hoorde brullen begreep ik dat het de zeekoet in de badkamer moest zijn. Een halve dag eerder had ik hem moeiteloos van het strand kunnen lichten – geen goed teken, maar bij afwezigheid van stookolie en verwondingen leek zijn prognose gunstig. Thuis bleek echter dat hij geen wijting hoefde.

Toen hij met zijn vleugels begon te klapperen, hield hij daar niet meer mee op. Daarom nam ik de koet in mijn handen en bracht hem naar een tuinschuur, waar hij bij aankomst overleed. Het geraas van de wind, de nacht en het dode dier stemden niet opgewekt, en daarbovenop kwam een pijnlijk besef van veterinair amateurisme. De koet had direct naar het Haagse Vogelasiel gemoeten, dan was dit niet gebeurd.

Sindsdien heb ik daar evenveel koeten, meeuwen en eenden aangeleverd als ik onwel aantrof – maar dat hoeft niet langer, want nu is er *Something in a Cardboard Box.* Al eerder schreef Les Stocker – 'the James Herriot of the wildlife world' – een even lang boek over egels alleen, waarin de lezer dusdanig met voedings-, verzorgings- en behuizingsvoorschriften wordt bestookt, dat hij zich wel tien keer zal bedenken alvorens zich over een egel te ontfermen. Alleen een werkloze heeft genoeg tijd om een egel goed te verzorgen, maar die mist waarschijnlijk weer het geld voor alle vitaminepreparaten, ontwormingsmiddelen en bouwmaterialen voor hokken – zo bleek uit *The Complete Hedgehog*. Wat dat betreft is dit boek beter, want er zijn maar enkele pagina's per soort. Vos, konijn, das, meeuw, uil, vleermuis, hert, bunzing, zwaan, pad – wie *Something in a Cardboard Box* heeft gelezen, kan ze allemaal EHBO verlenen door de betreffende lijst met bondige instructies uit te voeren.

Stocker heeft er rekening mee gehouden dat de kans dat de gemiddelde lezer ooit de poot van een aangereden das zal moeten spalken, niet boven de één op een miljoen ligt: de tekst bevat vooral veel dierenanekdotiek en de avonturen van de beheerder van een wildhospitaal, te weten Stocker zelf. Daaruit blijkt overigens dat de das een gebit als een guillotine heeft, dus níét zelf poten gaan spalken. Met de bescherming van huisdieren heeft deze branche gemeen dat de beeldvorming, in woord of foto, vaak wordt vertroebeld door irritante varianten van snoezig- en schattigheid. De foto van een weesvosje en dito dasje die op volstrekt onnatuurlijke wijze in twee oude schoenen hebben plaatsgenomen, spant wat dit betreft de kroon. Veel leuker is de pad met zijn poot in het gips.

Dit boek is niet alleen een vraagbaak bij de nooddruftige-dierenproblematiek die van alle tijden is, maar getuigt ook van de onlangs bereikte overtreffende trap van natuurbescherming: de strijd voor het individuele, wilde dier. Dat is om ten minste twee redenen zinvol: door ten dode opgeschreven exemplaren te vangen, te verzorgen en dan weer vrij te laten, kan een wezenlijke bijdrage aan het behoud van een soort worden geleverd. Per jaar komen ongeveer duizend Nederlandse egels op krachten in een van de zeventig ministerieel goedgekeurde egelasiels. Het verhaal van de zeehondencrèches in Pieterburen en op Texel kent iedereen. Voor kansarme dassen is er een opvangcentrum bij Nijmegen, waar de laatste drie jaar dertig exemplaren revalideerden: vier procent van alle volwassen dassen in Nederland. Zo zijn er steeds meer opvangcentra voor de inheemse fauna.

Daarnaast spreekt een individueel dier meer tot de verbeelding van veel mensen dan de soort als geheel: de recente strijd voor het behoud van drie, later twee walvissen bij Alaska, heeft dankzij de media veel meer walvissen profijt bezorgd. Zo ook kan het oplappen van één kraai of mol (zeer lastig) bijdragen tot milieubesef en natuurliefde van allen die daarbij zijn betrokken, al werpen ze alleen maar een blik in de kartonnen doos. Zelfs als de patiënt bezwijkt vindt de natuur er baat bij.

Nu de voortschrijdende verstedelijking maakt dat steeds meer mensen dit soort contacten moeten missen, terwijl steeds meer kinderen de egel slechts kennen als 'een pannenkoekvormig, asfaltminnend dier', is dit boek vol kartonnen dozen met inhoud wellicht een uitkomst. (12-8-1989)

De beste muizenval ter wereld

Al zeker twee weken had ik hem in de etalage van een dierenwinkel zien staan: de Ketch-All, de beste muizenval ter wereld. Dat laatste stond op de doos, waarop ook beloofd werd dat deze 'automatic mousetrap' geen lokaas nodig had en '15-20 mice in one setting' ving: aanlokkelijke vooruitzichten als je zo landelijk woont dat een permanente muizenpopulatie al jaren je voordeur deelt. Verder kostte de gepatenteerde Amerikaanse vinding slechts *f* 65,– (€ 29,50); voor zoveel muizen per 'setting' een fooi. En het grootste pluspunt: de muizen bleven in leven.

Ik had al maanden een val waarmee ik per 'setting' één muis levend kon vangen, maar na iedere vangst was ik minstens een kwartier kwijt om de muis uit te zetten. Alleen al in december vorig jaar moest ik zestien keer uitrijden om een muis naar het Haagse Bos te brengen, bij elkaar ruim honderd kilometer. Er bestaat een wijdverbreid misverstand dat een wandelingetje van twee minuten genoeg is om je van een muis te ontdoen. Niets is minder waar, een muis is één bonk oriëntatievermogen.

In een Utrechts studentenhuis deelde ik vijftien jaar geleden de voordeur met muizen die na vangst werden losgelaten op een rangeerterrein van de spoorwegen, en die vaak eerder thuis waren dan degene die ze had uitgezet. Dat bleek dan de volgende ochtend.

De val van toen was eigenlijk te klein, de staart van de muis stak er nog uit als hij zijn tanden al in de kaas had en de valdeur neerklapte. Gevolg was een richel overdwars in de staart, en vaak werden muizen ingerekend die al een, twee of nog meer richels hadden.

Door de aanschaf van de Ketch-All zou ik per rit vijftien tot twintig muizen kunnen uitzetten, en een eenvoudige berekening leerde dat ik hem na vijftig muizen had terugverdiend, alleen al aan benzinebesparing.

Mijn verzoek om een demonstratie werd door de dierenwinkelier enthousiast begroet. Hij bekende ruiterlijk er nog geen één verkocht te hebben, en ook dat hij de Ketch-All alleen zonder muizen had uitgeprobeerd. Vooral dat laatste was jammer. Het apparaat heeft de vorm van een schoenendoos en is uitgevoerd in plaatstaal waar zelfs een bever zich nog niet doorheen knaagt. Dwars door het geheel loopt een tunnel waar de muis in moet. Aan de ene kant wordt de doorgang geflankeerd door een vangruimte; aan de andere kant is een soort machinekamer ingericht, waar een veer voor de energie zorgt. Deze veer mag van de fabrikant maximaal zes tot tien slagen worden opgewonden, en dat is wat de winkelier deed. Halverwege de tunnel zit een beweegbaar vloersegment. Gaat de muis daarop staan, dan klinkt een keihard 'klenggggggg' en wordt de verdachte met een snelheid van naar schatting veertig kilometer per uur richting groepscel gelanceerd om acht centimeter verder met dezelfde vaart tegen de celwand tot stilstand te komen.

Het begon me te dagen waarom de naam van het apparaat zo nodeloos veel op 'ketchup' leek.

'Aha,' reageerde ik, mijn afschuw verbergend. 'Dus de muizen blijven in leven.'

'De muizen blijven in leven,' sprak de winkelier.

'En ze blijven ongedeerd?'

'Dat is een kwestie van niet te strak opwinden. De eerste twee krijgen natuurlijk de hardste klappen.'

Dat laatste had ik kunnen weten: de afbeelding op de doos van de Ketch-All toont drie ingesloten muizen, de eerste drie dus, die de hardste klappen hebben gekregen. Een van hen, vermoedelijk de derde, die er nog het best aan toe is, waarschuwt een vierde die juist de tunnel in wil door met zijn rechter voorknuistje tegen het veegmechanisme te bonken.

Het betekende dat een slap opgewonden Ketch-All niet al te gevaarlijk was – vooropgesteld natuurlijk dat de winkelier de waarheid sprak en dat de afbeelding correct was, in die zin dat zélfs bij zes tot acht slagen zélfs de eerste drie muizen in leven bleven. Ik was gewonnen en overhandigde een stapeltje bankbiljetten. 'Het is meer de schrik,' meende de middenstander, zijn kassala dichtduwend.

Op de Ketch-All, zag ik thuis pas, zat een sticker met de waarschuwing dat 'overwinding may damage trap'. Waarom niet 'may damage mouse'? Dan was er de bijsluiter. 'Extra veilig voor kleine huisdieren' leek nog even een lichtpunt, maar onder het kopje 'het verwijderen van de gevangen muizen' kwam de klap.

'De vangruimte is nu open en de muizen kunnen verwijderd worden. Bedenk daarbij echter wel, dat de muizen vaak nog leven en daardoor kunnen ontsnappen.'

'Vaak'? Hoezo, 'onschadelijk voor kleine huisdieren'? Er resteerde maar één oplossing: de veer nooit met zes tot acht slagen opwinden, en zelfs niet met vier tot zes, zoals ik in de winkel bedacht had. De vraag was nu hoeveel slagen veerspanning een zieke, oude muis gegarandeerd kon doorstaan. Ik gokte dat een paar overrijpe aardbeien het antwoord konden geven, en vrij langdurige proeven leidden tot een maximum van drie slagen, is zeven muizen per 'setting'. Bij acht slagen bleek de Ketch-All ook bruikbaar als keukenmixer. Het terugverdienpunt lag dus tientallen muizen verder dan gehoopt.

Als extra voorzorg deed ik ook nog een test in de garage van de buren. Bij het uitrollen van een oud kleed waren daar onlangs zeldzaam dikke, en dus schokbestendige muizen aangetroffen. Hun omvang was overigens een extra reden de Ketch-All op maximaal zeven muizen in te stellen, want de vangruimte meet slechts 17 bij 6 centimeter, dus nog niet eens twintig stáánplaatsen.

Hoe dan ook, de volgende ochtend waren er maar drie muizen in de val gelopen, ze blaakten van gezondheid. Toen ik kort daarop in de onmiddellijke nabijheid van Huis ten Bosch de vangruimte opende, roetsjten ze weg zoals muizen betaamt.

De nacht daarop volgde een 'setting' in mijn keuken. Weer drie. Nu was er een die, na vrijlating op loopafstand van het paleis, niet ogenblikkelijk richting koninklijke provisiekasten spurtte, maar stuurloos naar een rodondendron waggelde. Het kon natuurlijk zijn dat dit de zieke, oude muis was waarvoor mijn muisvriendelijke opwindbeleid bedoeld was, maar waarschijnlijker leek dat hij ongelukkig in de vangruimte was terechtgekomen.

Ik belde naar de importeur, waar Simone Jongbloed over de Ketch-All gaat. De val is een denderend succes, zo is de ervaring bij Pluriton Export bv in Lunteren. In varkensmesterijen is het vaak volle bak, een duivenmelker met een muizenplaag kocht er twee en

ving dertig muizen in één nacht, en in Amerika wordt de ultieme muizenval 'op zeer grote schaal gebruikt'. Mijn vrees dat een muis bij acht slagen makkelijk een dwarslaesie kan oplopen, wordt in Lunteren niet gedeeld. 'Ze kunnen wel wat hebben,' aldus Jongbloed. 'We hebben het apparaat uitvoerig getest, en daarbij is er geen enkele omgekomen.' Dat een van mijn muizen verdacht traag op zijn invrijheidstelling reageerde, kan desalniettemin goed met de val te maken hebben. 'Die is dan net gevangen en heeft z'n hoofd gestoten. Als wij ons hoofd stoten zijn we ook vaak even duizelig.'

Resteert natuurlijk de vraag naar het waarom van het woord 'vaak' in de bijsluiter. Ik zat er gloeiend naast: met de vaart van de klappende tunnelwand heeft dat niets te maken. Jongbloed: 'Het probleem is dat mensen zo'n muizenval kopen en hem dan weken en weken laten staan. Dan krijgen de muizen honger en gaan ze aan elkaar beginnen.'

Voor de muizen die ik vang dreigt dat gevaar zeker niet, en hoofdpijn evenmin: één, hooguit twee slagen voortaan. Dan maar vaker in de auto, meer luchtvervuiling en een sneller einde van de wereldreserve aan fossiele brandstoffen. Waar ik banger voor ben is dat mijn muizen in een andere, binnenkort door het Rijksinkoopbureau aan te schaffen Ketch-All zullen belanden en dan worden losgelaten in de kaasarme kroondomeinen.

(8-6-1993)

Rustplaats voor bejaarde honden

Iemand, vermoedelijk Voltaire, heeft ooit gezegd dat de beschavingsgraad van een land kan worden afgelezen aan de wijze waarop de bewoners omgaan met dieren. Volgens deze redenering moet bijvoorbeeld Tibet tot een van de beschaafdste landen ter wereld worden gerekend. Als een Tibetaan een vuur maakt verwijdert hij eerst alle pissebedden, wurmen en andere levende wezens van de stookplaats om ze een zinloze verbrandingsdood te besparen. En er worden in Tibet ook nauwelijks dieren opgegeten – behalve door elkaar natuurlijk.

Een bijzonder lage beschaving kent aldus het nabijgelegen China, als er althans waarheid schuilt in het hardnekkige gerucht dat men daar in restaurants de hersens van een nog levende aap kan nuttigen nadat de ober het beest onder tafel heeft vastgebonden en van de, door een gat in het tafelblad stekende, apenkop het schedeldak heeft afgekapt.

Ongeveer halverwege de wereldranglijst moet Nederland zich bevinden: waarschijnlijk nog net onder Engeland maar beslist boven België (lijmstokken) en Spanje (stierengevechten). In deze rangorde lijkt echter verandering te zijn gekomen nu in ons land 's werelds eerste bejaardentehuis voor honden is gebouwd. Het staat in Wassenaar en werd door prinses Juliana geopend. Dit betekent niet alleen dat Wassenaar belangrijk is gestegen op de landelijke lijst van beschaafde gemeentes – hoewel dat volgens veel bewoners niet kon omdat Wassenaar volgens hen altijd al bovenaan stond – maar vooral ook dat Nederland hoger genoteerd kan worden als beschaafd land.

Verrassend genoeg is deze promotie slechts een onbedoeld neveneffect van een initiatief ten behoeve van bejaarde mensen, en niet zozeer van dieren. Jaap Boersma, directeur van het Wassenaarse dierenasiel Nationale Dierenzorg, legt uit hoe het idee ontstond: 'Zes jaar geleden was ik betrokken bij een serie radioprogramma's van de KRO over bejaarden en dieren. In veel van de bejaardenhuizen waar we kwamen was het verboden om dieren te houden, en dat bleek vaak een groot probleem. Dikwijls gaan bejaarden naar een tehuis nadat hun echtgenoot is overleden. Als ze met z'n tweeën lange tijd voor een bepaald dier hebben gezorgd, is het voor degene die achterblijft een extra klap als zo'n hond naar een asiel moet of moet worden afgemaakt.'

Boersma vervolgt met de beschrijving van enkele schrijnende gevallen, waaronder dat van een bejaarde man die ten prooi viel aan een psychosomatische kwaal toen hij werd gescheiden van zijn poedel maar direct herstelde toen de hond terug was. Ook komt het voor dat bejaarden die alleszins toe zijn aan opname in een tehuis, zich eindeloos laten verschuiven op de lijst omdat hun hond nog leeft en niet mee mag. Maar in de regio Den Haag hoeven dit soort problemen niet meer voor te komen nu de Seniorenclub er is. Op een braakliggend veldje naast het bestaande asiel verrees een riant onderkomen voor vijftig bejaarde honden die daar voor vijf gulden (€ 2,26) per dag van een zonnige levensavond kunnen genieten.

De gedachte dat een bejaardentehuis voor honden neigt naar decadentie, en dat de mestkalveren eerst aan de beurt zijn als het erom gaat Nederland diervriendelijker te maken, kan langs ten minste twee wegen worden bestreden. Gedurende zeker vijfduizend jaar menselijke cultuur is het altijd goed gebruik geweest sommige dieren enorm voor te trekken, en wel op volstrekt irrationele gronden. De Egyptenaren mummificeerden ook af en toe een baviaan of een kat, de Romeinse keizer Caligula benoemde een paard tot consul en liet feesten organiseren waarbij het dier als gastheer optrad, en sommige regimenten van het Nederlandse leger bezitten een mascotte, bijvoorbeeld een ram, die mee mag lopen in parades. Dus waarom geen bejaardentehuis voor honden.

Sterker nog dan dit historische argument pleit voor de Wassenaarse primeur dat hier ruiterlijk wordt erkend dat het belang van het dier ondergeschikt is gemaakt aan dat van de mens. Dat beginsel wordt ook aangedragen ter verdediging van vivisectie en bio-industrie, en dan is een rusthuis voor honden natuurlijk duizendmaal mooier.

Bij een rondgang door het bijna voltooide paviljoen wijst Boersma op de nu nog lege ontvangsthal: 'Deze ruimte is voor de eigenaars van de honden. De inrichting wordt helemaal in de jaren-vijftigstijl gehouden, er komt een koffiezetapparaat en er zijn voorzieningen voor berijders van een rolstoel. Ze kunnen net zo vaak als ze willen hun hond komen opzoeken en met hem gaan wandelen, of hem meenemen als ze een week bij de kinderen gaan logeren. We stellen maar twee voorwaarden: dat de hond ouder is dan zeven jaar, en dat de eigenaar in een bejaardentehuis zit. Voor degenen die geen vijf gulden (€ 2,26) per dag kunnen betalen komt er een adoptiefonds. De eerste vijftig honden die worden aangemeld komen erin.'

Zoals in elk bejaardentehuis is het een vraag hoe de bewoners de dag moeten doorbrengen, en in dit geval is het de bedoeling dat ze elkaar amuseren. De honden zijn dan ook niet cellulair gehuisvest maar in 'roedels' van tien stuks die zich naar verwachting tot groepen zullen ontwikkelen – naar keuze in een binnenverblijf of de aansluitende buitenren. Aldus ontstaat binnen de groep een hiërarchie waarin, volgens Boersma, het verzorgend personeel bovenaan staat. Om deze gezagsverhoudingen niet te verstoren zullen de eigenaren nooit in de hondenkamers worden toegelaten. Anderzijds wordt aan de honden de eis gesteld dat ze in staat zijn deel te nemen aan het groepsproces. Kunnen ze dat niet, dan is er geen plaats voor ze. Een andere regel is dat, als de eigenaar onverhoopt komt te overlijden, zijn hond in elk geval in de Seniorenclub mag blijven, ook als het dier niet testamentair bedacht is.

Honden behoren bij ons tot de meest begunstigde dieren en ze genieten rechten die vooralsnog worden onthouden aan andere soorten. Het eerste asiel voor varkens moet nog gebouwd worden, wie zijn kameel op de stoep laat poepen kan rekenen op een fikse bekeuring, en een valse eland die los op straat loopt en wielrijders in hun broekspijpen bijt – terwijl de eigenaar van veilige afstand 'Hij doet niets!' roept – ontlokt al snel een politiecharge. Maar dat wil niet zeggen dat elke grensverleggende maatregel om het leven van honden nog verder te veraangenamen zeker kan zijn van succes.

Voor de initiatiefnemer van de Seniorenclub is het in elk geval nog maar afwachten of zijn project zal aanslaan: 'We weten van veel individuele gevallen waar een bejaardentehuis voor honden uitkomst zou bieden. Maar of die vijftig plaatsen allemaal bezet raken is nog helemaal onzeker. We hebben de bouw tot de laatste cent zelf bekostigd en er was geen geld meer voor een marktonderzoek. Of het adoptiefonds zal aanslaan, is ook nog de vraag. Als hier over een jaar maar een paar honden zitten, heb ik ongelijk gehad.'

Dat zijn echter formele overwegingen, en de verwachting wijst in de tegenovergestelde richting. 'Zodra gebleken is dat een bejaardentehuis voor honden in een behoefte voorziet,' besluit Boersma met een lichte twinkeling in de ogen, 'starten we ergens anders in Nederland direct een volgende.'

(4-10-1985)

Ontmoeting met vos-5

Je ziet ze maar hoogst zelden, zij jou veel vaker: vossen. Mijn score staat nu op vijf. Zeven jaar geleden, 's nachts, stond de eerste ineens in de stralenbundel van mijn auto, verdacht dicht bij een vuilcontainer van een restaurant in de duinen bij Wassenaar. Mijn tweede vos volgde één of twee jaar later, honderd of tweehonderd meter verder: op een regenachtige ochtend rende hij voor mijn auto de weg over. Die vossen in de duinen veroorzaken overigens veel gedonder in vogelbroedkolonies en onder natuurbeschermers, en het één hangt met het ander samen. De vossenlobby pleit voor een natuurlijk evenwicht tussen vossen en meeuwen, de meeuwenlobby wil liever een evenwicht tussen vossen en jagers. Feit is ondertussen dat het aantal broedende vogels in de duinen bij Wassenaar de laatste tien, vijftien jaar dramatisch is gekelderd, en dat het aantal vossen fors is toegenomen. In mijn achtertuin, een paar kilometer van het dichtstbijzijnde duin, zijn al twee kippen en een cavia opgegeten. En bij een winteravond-inspectie van de geitenstal, anderhalf jaar geleden, had één van mijn twee geiten, een dwerggeit ter grootte van een flinke vos, een tremor van zeker tien hertz en een amplitude van zeker twee centimeter over haar hele vel: een reactie die ze alleen vertoont als er een hondachtige in de buurt is of is geweest. De andere geit, minstens zes keer zo groot als een vos, was onrustig. De vos die eerder uit hetzelfde onderkomen twee kippen had weggekaapt, was vermoedelijk langs geweest om te zien of er al nieuwe waren gekocht, quod non.

De derde vos die ik zag was de eerste waarvan ik dag, tijd en topografische kaart-coördinaten noteerde: 16/6/1989 – 22.15 – 458.50/186.95, ofwel ergens in de noordoosthoek van de Hoge Veluwe. Eerst wat geritsel in dorre beukenbladeren, en toen ineens vos-3 zelf, op een meter of vijftig: eerst een paar tellen stokstijf, daarna verdween hij met een paar grote sprongen in struiken en inzettende duisternis.

Vos-4 was de meest onverwachte. Tussen de ingang van het Deelerwoud en de bijbehorende parkeer-

plaats aan de weg Hoenderloo-Deelen, ofwel op 453.60/189.40, loopt in oost-westrichting een smal zandpad met hier en daar dichte begroeiing aan weerszijden. Op 27 maart 1992 om 18.40 uur stak vos-4 dat pad in zuid-noordrichting over, op vijf, hooguit tien meter voor me. Als hij het een meter achter me had gedaan was hij nummerloos gebleven, want te horen was er niets. In zijn bek had vos-4 iets doods met veel veren, hij was de meest róódbruine vos van alle vijf, en hij was vooral ook opmerkelijk groot. Zelf was hij al uit beeld toen zijn staart nog overstak. In totaal liet hij zich hooguit een seconde zien – zo smal was het pad, zo dicht de vegetatie, en zo snel de vos – maar dan ook heel duidelijk. Wat ik zag, zag ik vooral door later het beeld af te lezen dat in die seconde op mijn harde schijf was vastgezet.

En toen dus vos-5, op 14 april 1994 om 16.30 uur op 453.60/189.40, ofwel midden op de Hoge Veluwe naast de autoweg. Duur van de waarneming: enkele minuten. Afstand vos-mens: variërend van vijftien tot vijf meter.

Als je voor het eerst in ruim twee jaar een vos ziet, sta je meteen boven op je rem. Maar haast was even overbodig als voorzichtigheid. Pal naast het asfalt scharrelde hij wat door het hoge gele gras, een beetje alsof hij iets kwijt was. Soms keek hij even naar de auto, meestal naar de grond. Na een minuut of daaromtrent opende ik het portier zo zacht mogelijk, en stapte behoedzaam met mijn fototoestel richting vos. Het hinderde hem niet in het minst, ook niet toen ik even hard liep als hij om in z'n buurt te blijven en foto's te maken. Al die tijd keek hij me af en toe aan, om dan weer met zijn neus bij de grond heen en weer te rennen. Als hij zich aan me ergerde, was het waarschijnlijk omdat ik niet hielp zoeken.

Na een paar minuten beëindigden we de bijeenkomst: hij koerste het terrein in, ik naar mijn tekstverwerker.

(6-6-1994)

Rare patiënten

‘Voor een veiliger Nederland is er meer nodig dan uitsluitend grotere inspanningen van politie en justitie,’ luidde een van de kloeke standpunten uit de laatste troonrede. Meer? Veel meer! Terwijl u dit leest verliezen zeehonden in troebel water het contact met hun moeders, vallen jonge boommarters van takken, raken egels verstrikt in voetbaldoelnetten, breken reeën poten, knallen valken tegen ruiten, springen eekhoorns mis. En dat zijn alleen de ongevallen. Massa’s oudere dieren kunnen hulp goed gebruiken, om nog maar te zwijgen over alles tussen spitsmuis en edelhert dat zich gewoon een tijdje niet lekker voelt.

Iemand, mogelijk Plato, zei ooit dat de mate van beschaving van een land valt af te lezen aan de manier waarop er wordt omgegaan met dieren. Wat dat betreft zijn we hier op de goede weg, legbatterijen, kistkalveren, oormerken en plezierjacht even niet meegerekend. Bij het opvangen van de inheemse fauna steekt Nederland gunstig af bij zo ongeveer elk ander land: er zijn nu tien centra voor reeën, een stuk of dertig voor egels, één voor dassen, zo’n 150 voor vogels, één voor eekhoorns, twee voor zeehonden, plus nog een vrolijke verzameling verpleegpunten voor onder meer nooddruftige padden, gierzwaluwen, vleermuizen, hazen, en – de hazen zullen er niet blij mee zijn – vossen. Kom daar eens om in China of Iran.

‘Wat is het?’ vraagt Lily Weerdesteyn, chef van het Haagse Vogelasiel De Wulp aan zichzelf. ‘Een boomkruiper? Een roodborst? Mmmmm... een piepertje misschien.’ Voor haar staat een gespierde dertiger die binnen kwam lopen met iets nats en kleins in zijn hand. ‘Hij lag te spartelen op de weg achter Wateringen,’ licht de man toe. Een autorit van enkele kilometers was geen punt. ‘Ik kon het niet over mijn hart verkrijgen om dat te laten liggen,’ zegt hij terwijl Weerdesteyn ermee naar een opvangruimte loopt. ‘Een tjiftjaf?’ vraagt ze zich af. ‘Nee! Een kleine karekiet!’ Zijn redder: ‘Het valt me mee dat hij niet is platgereden, het hoosde als een gek.’ Weerdesteyn: ‘Waarschijnlijk tegen een auto aangevlogen. Ligt ie duf op de weg, raakt doorweekt en kan niet meer vliegen.’

Een beetje rust en warmte zijn niet genoeg voor de reiger die gescheiden raakte van het deel van zijn bovensnavel dat in een plastic zakje aan de kooideur hangt. Een van de Wulp-vrijwilligers werkt bij een tandarts, en die gaat een nieuwe snavelpunt maken van kunsthars. Een door honden beetgenomen boerengans moet wachten op genezing van de gebroken poot, die nu met leukoplast onwrikbaar aan zijn staart vastzit. ‘Deze is er wel heel erg aan toe,’ zegt Weerdesteyn bij een kooi vol jonge merels waarvan er één bij nadere inspectie voor eeuwig weggevlogen blijkt te zijn. Een paar springlevende jonge Vlaamse gaaien laten zich intussen voeden terwijl drie vogelasielhonden likkebaardend toekijken. Dat laatste komt door het geweekte puppyvoer dat in de brede snavels verdwijnt. Het gevaar van deze honden schuilt in hun vogelvriendelijkheid: juist omdat ze niks doen mogen ze nooit de volières in, want dan vliegen de vogels straks uit met een scheef hondbeeld. Weerdesteyn: ‘En daarom mogen de verzorgers ook nooit tutten met de vogels of tegen ze praten. Het is eten geven, hok verschonen, wegwezen. Ook al willen ze – niet op ingaan, anders worden ze tam.’

De gemeente Den Haag ziet geen reden ook maar één cent bij te dragen aan het oplappen en weer uitzetten van de 5500 probleemvogels die jaarlijks bij De Wulp worden aangeleverd, ook al is hun komst bijna altijd een gevolg van menselijk toedoen: aanrijdingen, ruiten, zonneschermen, visdraad en vooral katten. ‘Katten jagen met volle maag,’ weet Weerdesteyn, ‘ze moorden puur voor de kick.’ Die menselijke factor is de belangrijkste reden voor al dit mooie werk, maar er is er nog een: educatie. Om stads- en andere kinderen, de allochtone niet in de laatste plaats, respect voor de natuur bij te brengen, helpt het geweldig als ze ergens serieus worden genomen met hun zelf geredde duif of mees, of soms zelfs een ijsvogel of nachtzwaluw. In De Wulp worden ook veel schoolklassen, verjaarspartijtjes en aanstaande spreekbeurthouders opgevangen.

Dat groepen niet welkom zijn in het reeënopvangcentrum in Soestduinen, heeft alles te maken met de zenuwachtige eenkennigheid van wat daar rondloopt. Bij de aanblik van een onbekende flitsen vijf bambi’s als kleine speertjes door hun buitenren. Als boswachter Ton van Galen een bosje zuigflessen op drinkhoogte houdt, lijkt het gevaar vergeten. Een tweejarige reegeit die niet meer wild wil worden en in Soestduinen mag blijven, ijsbeert wat in de ren ernaast. 'Ze is helemaal gek met die jongen,' zegt Van Galen voedend. 'Ze bemoedert ze, likt ze af door het gaas. Zij zorgt ook voor de rust als hier een aangereden ree binnenkomt, want die zijn vaak volkomen gestrest.'

In 1974 begon Van Galen als eerste in Nederland met het opvangen van gewonde, zieke en vooral ouderloze reeën. Om de stroom van die laatste categorie wat in te dammen verspreidde hij het onjuiste bericht dat een reegeit haar kinderen verstoot als ze ruikt dat er mensen aan hebben gezeten. Dat werkte deels averechts: 'Kreeg ik hier reetjes gebracht omdat de kinderen er al aan hadden gezeten!' Bij iedere twijfel over de dood van de moeder rijdt Van Galen direct met het kalf terug naar de vindplaats, legt het daar neer met een stukje gaas eromheen en loopt een meter of vijftig weg. 'Gaat ie om zijn moeder roepen, en vaak komt ma dan als een gek het bos uit gerend. Ik haal het gaas weg en dan loopt het jong zijn moeder achterna.' De vijf kalveren van nu, twee tot zeven weken oud, worden in oktober losgelaten in een gebied waar niet wordt gejaagd, 'want ze moeten een eerlijke kans hebben.'

Bij een landelijke reeënstand van 60 000 is soortbescherming ook hier niet de reden van het mooie werk. Dat ligt bepaald anders in de dassenchrèche van de Vereniging Das en Boom in een riante villa bij Nijmegen. Een deur met GEEN TOEGANG geeft toegang tot de kelders waar een jonge das of vijfentwintig aandoenlijk zit te wezen op stro in fris betegelde ruimtes. Hun moeders werden platgereden, de burchten werden opgespoord en voorzien van vangkooien. En ook zij worden zo afstandelijk mogelijk behandeld. Sommige kregen in een eerder stadium flesvoeding en de verzorgster die dat deed mag zich hier nooit vertonen. Van de 700 Nederlandse burchten (met 2600 bewoners) werden er zestig aangelegd door of herbevolkt met dassen uit de crèche. In de dasloze Achterhoek werden in 1997 vier rennen geplaatst met ruim een kilometer tussenruimte, en met vier dassen elk. Na drie maanden gingen de omheiningen tegelijk open, en volgde er een soort reünie van de oud-crèchegangers. Inmiddels hebben ze zich voortgeplant en voor zover bekend zijn er nul doodgereden. Dit jaar wordt West-Brabant herbedast vanuit de Loonse en Drunense Duinen.

Probleem: steeds meer dassen betekent ook steeds meer doodgereden zogende wijfjes. Dit jaar werden er al twintig gevonden. In zes gevallen wist Das en Boom de jongen te vangen. Secretaris Coen Klein Douwel: 'Die herintroductie houdt een keer op. Als dat klaar is moeten we misschien wel stoppen met jongen vangen. Dat is heel zielig, maar het is één grote wreedheid en verschrikkelijkheid in de natuur. Anders wordt het individubescherming.'

Ank Naeye-Reinhardt woelt even door een kooi met krantensnippers en heeft 'm dan: Patrick, bij aankomst een week geleden nog 580 gram en volgens de kaart aan zijn hok 'onrustig' – nu 862 gram en rustig als het Rijksarchief. 'Patrick mag eind deze week het bos weer in,' zegt de voorzitster van de Stichting Egelopvang Den Haag. 'Dat kun je toch niet zomaar dood laten gaan?!' Nu telt het asiel in de duinen vijf patiënten en staan er dertig kooien leeg, een batterij buitenhokken voor winterslapers niet meegeteld. Over een paar weken begint de stroom weesegels, vanaf november gevolgd door dieren met winterproblemen zoals niet kunnen slapen. En dan zijn er de onregelmatige golven zieke egels als er weer eens iemand slakkengif heeft gebruikt.

De stichting heeft tientallen vrijwilligers met gesloten tuinen waarin de dieren zich kunnen voorbereiden op hun vrijlating. Maar waar? Het 'Randstadegelgebeuren', een overlegorgaan met andere opvangcentra, moet voorkomen 'dat iedereen in hetzelfde leuke bosje gaat uitzetten.'

Nabij de dassencrèche wijst voorlichter Valentijn te Plate op allerlei krab-, loop- en graafsporen in de ruime ren waar uit te zetten dassen weer van de natuur moeten leren houden. Nu zitten er twee, diep ondergronds helaas. Daarnaast toont Madurodas – verrassend genoeg met treintje – het ideale dassenlandschap. In een aanpalend pand boemelen twee halftamme exemplaren door hun betonnen burcht en blikken af en toe belangstellend door de verticale glaswand die hun woning doorsnijdt. Hun taak is te helpen bij de opvang van de bezoekers van het Informatiecentrum –

zoals in bredere zin de hele inheemse fauna langs onze ramen fladdert, door onze tuinen rent en bos en veld opvrolijkt om ons een beetje op te vangen.

(8-7-1999)

De geplande terugkeer van de otter

De otter mag uit het Nederlandse landschap verdwenen zijn, onder de mensen leeft hij meer dan ooit. De huidige populariteit van de grote afwezige in het Nederlandse zoetwatermilieu begon met de oprichting van de Stichting Otterstation Nederland in 1985. In een woud van ottervriendelijke mijlpalen wordt verder de aandacht getrokken door het Herstelplan Leefgebieden Otter (1989) van het ministerie van Landbouw, Natuurbeheer en Visserij, een analyse van ottervijandige knelpunten op de 'natte as Friesland-Deltagebied' als bijlage bij de Derde Nota Waterhuishouding van Rijkswaterstaat in 1990, een Project Otterwegennet Oost-Groningen in datzelfde jaar, dit jaar gevolgd door een Project Otterwegennet Midden-Friesland, waarvan alleen al het deelrapport over de 'ontwikkeling van ecologische verbindingszones tussen de Terkaplesterpoelen en de Oude Venen' tweeënveertig dwarsprofielen en situatieschetsen toont van lokaties die na de voorgestelde landschappelijke ingrepen niet langer een obstakel zullen zijn voor passerende otters. Provinciale otterwerkgroepen bestrijken nu meer dan de helft van Nederland, onder verkeerswegen liggen ottertunnels terwijl otterkerende rasters in de berm ervoor moeten zorgen dat de dieren daar ook gebruik van maken. In rietvelden zijn otterterpen opgeworpen, vervuild boezemwater-kerende leemkaden zijn gelegd rond otter-habitats – en dat is allemaal nog maar een greep uit wat er gaande is ter verwelkoming van de palingminnende marterachtige waarvan de laatste in ons land in 1988 onder een auto kwam, en die opnieuw zal worden uitgezet. Van alle immigranten in Nederland worden de otters verreweg het best opgevangen.

Er zijn er al twee, Lisa en Adam uit Duitsland, die nu in Haren bivakkeren op een terreintje met een paar vijvers bij het Biologisch Instituut van de rijksuniversiteit van Groningen. Als de huidige ontwikkelingen zich doorzetten, zal rond 2002 in Friesland en de kop van Overijssel een otterleefgebied gereed zijn met zo weinig PCB's in het water (en dus in de vissen) en zo

veel ottercorridors tussen de reeds bestaande natte natuurterreinen, dat de eerste otters los kunnen. Aan Lisa en Adam de taak om ervoor te zorgen dat er dan genoeg beschikbaar zijn. Op dit punt stagneert de zaak enigszins, er wordt aan gewerkt, maar nog niet met het gewenste resultaat.

Hun bivak staat onder beheer van de Stichting Otterstation. Terwijl we ons rond voedertijd achter de omheinende schutting opstellen, verduidelijkt directeur drs. ing. Addy de Jongh dat de herintroductie van de otter vooral moet worden gezien als kroon op een werk dat veel verder reikt. 'Bijna alle maatregelen die nu getroffen worden, komen ook andere soorten ten goede. Wij vinden dat heel belangrijk: niet scoren per soort, maar voor de hele natuur. We denken er ook aan om de bever in Friesland uit te zetten, en dat zou al over een paar jaar kunnen, vooropgesteld dat er een breed maatschappelijk draagvlak is. Bevers zijn wat minder gevoelig voor milieuvervuiling en zijn heel geschikt om goede biotopen voor otters te maken. De otter is een signaalsoort: als die zich kan handhaven, gaat het goed met het hele zoetwatermilieu.' Vanuit een strikt biologisch standpunt zijn er wel betere signaalsoorten, zoals de parelmossel, die nog veel gevoeliger is voor watervervuiling, maar die als mascotte en sponsorwerver door de otter verpletterend wordt verslagen.

In die hoedanigheden is de otter nu al actief – en succesrijk. Nog afgezien van alle overheidsgelden die aan landschapsinrichting en milieuverbetering werden uitgegeven, wist hij in de laatste paar maanden drie ton te werven voor een nieuw otterstation bij Leeuwarden, Otterpark Aqualutra, dat exclusief BTW 5,4 miljoen gulden (€ 2,4 miljoen) gaat kosten. Met potentiële nieuwe sponsors wordt dezer dagen druk onderhandeld terwijl de financiering dankzij bankgaranties en toegezegde subsidies in feite al rond is: over een paar weken wordt de eerste paal geslagen en volgend voorjaar kunnen de poorten open voor de verwachte veertig- à honderdduizend bezoekers per jaar.

Otterpark Aqualutra zal tegen die tijd negen vaste personeelsleden en elf otters tellen. Vijf dieren komen in een publieksvrij fokcentrum, de andere zijn voortdurend te bezichtigen: niet alleen als ze door hun ren rennen, maar ook vanachter dik dubbel glas als ze slapen en vanuit een onderwatertunnel ook als ze achter hun voer aanzitten.

Voor otters alleen kun je ook naar Blijdorp, maar op de tien hectare bij Leeuwarden komt veel meer. 'Een bezoeker zal zeker een halve dag kwijt zijn om alles te kunnen zien,' garandeert De Jongh. 'Er komen ook bunzings, ooievaars, kikkers, salamanders, vissen en wat verder in een gezond zoetwatermilieu thuishoort'. De sponsorwervingsmap rept van 'een natuur- en milieu-educatief bezoekerscentrum van nationale allure,' waarin, benadrukt De Jongh, geen plaats zal zijn voor bestraffend opgeheven vingertjes. Wel komen er 'doe-opdrachten'.

Leeuwarden is voor de gemiddelde Nederlander

ver weg, vandaar dat de directeur van de Stichting Otterstation goede mogelijkheden ziet voor geïntegreerde milieu-totaalbusreizen waarbij randstedelingen bijvoorbeeld ook naar de Zeehondencrèche in Pieterburen en een potentieel otterleefgebied gevoerd zullen worden.

Tien minuten voordat een dame met een emmer vis hun terrein zal betreden, verlaten Lisa en Adam hun hol onder het kantoor van de stichting om te laten zien wat we missen zolang de otter in onze sloten en meren ontbreekt. Daarbij zij aangetekend dat de waarneming van otters in het wild veel geluk vereist, terwijl het bij Leeuwarden maar negen gulden (€ 4,08) gaat kosten. Alsof de scheiding tussen lucht en water geen enkele betekenis voor ze heeft, glijden de twee dieren een vijver in en uit, en als snelle grote rupsen met platte kattenkoppen rennen ze iets minder elegant over land, soms piepend als een oude staldeur. Als het voer arriveert, happen ze elk vlug een stuk hart uit de emmer, en zwemmen ermee weg om het op een iets rustiger plek te verslinden.

Hoe tam otters kunnen worden mocht De Jongh ervaren toen hij als biologiestudent veldwerk deed in Schotland. 'Omdat ik hun onderwatergedrag wilde bestuderen moest ik er een hebben die geen enkele angst voor me had. Er was een hok voor hem, maar een tijd woonde hij bij mij in een caravan. Als ik een dag weg was geweest had hij het slot van de ijskast opengemaakt, eieren en bacon opgegeten, melk omvergegooid, en lag dan op mijn vuile was te slapen als ik terugkwam.'

De otters die in Nederland zullen worden uitgezet, zullen dergelijke kansen niet krijgen. De kunst is om ze zo wild mogelijk te houden. De Jongh: 'In Tsjecho-Slowakije is een populatie-overschot in een gebied dat grote overeenkomsten heeft met Friesland. Het best is om ze daar te vangen en ze dan zo snel mogelijk weer los te laten. De otters die we zelf gefokt hebben zullen voor hun loslating eerst moeten uitwennen in een omheind deel van een natuurgebied. Zolang ze in het fokcentrum zitten, zullen ze regelmatig levende prooi krijgen, net als Lisa en Adam. Jonge otters hebben een blauwdruk voor hun gedrag in de natuur, maar ze leren veel van hun moeder, die ze ook letterlijk het water in moet slepen.'

Als alles volgens plan verloopt zullen in eerste instantie drie of vier otters worden losgelaten. Ze krijgen geïmplanteerde of opgebonden radiozendertjes mee, en dan moet blijken of ze inderdaad gebruikmaken van de tracés die dan voor ze in gereedheid moeten zijn. Otters hebben elk omstreeks vijftien vierkante kilometer leefgebied nodig, en verplaatsen zich zo nodig over grote afstanden. 'In heel Friesland en Zuidwest-Overijssel moet daarom een netwerk van geschikte terreinen voor ze beschikbaar zijn,' zegt De Jongh optimistisch. Een areaal met zo'n omvang heeft weer tot gevolg dat de otters makkelijk het onderling contact kwijtraken, en dus moeten er na inleidende experimenten snel en veel nieuwe otters bij – 'in totaal een stuk of zestig,' vermoedt De Jongh.

En dan heeft hij het dus alleen over Friesland en Overijssel. Maar ook in Groningen, Limburg, Noord- en Zuid-Holland, Utrecht en Zeeland zijn otterwerkgroepen actief. Het project is pas klaar als een otter ongehinderd van Delfzijl via Vaals naar Terneuzen kan – en als hij daar niet de minste aandrang toe voelt, omdat hij het in heel nat Nederland wel naar zijn zin heeft.

(25-4-1992)

Naschrift: Op 7 juli 2002 werden in Noordwest-Overijssel de eerste zeven nieuwe otters uitgezet: twee van een Zweeds fokprogramma, twee uit een otteropvangcentrum in Tsjechië, en drie wilde uit Wit-Rusland en Letland. Ze zijn afkomstig uit Tsjechië en Wit Rusland.

Verkeer doet das de das om

Een half procent van alle Nederlandse volwassen dassen werd het afgelopen weekeind doodgereden: twee op de Veluwe en twee in Zuid-Limburg. Een geluk bij deze ongelukken was dat geen van de vier een zogend wijfje was. Een ander geluk is dat, als dat wel het geval zou zijn geweest, haar wezen een veel grotere overlevingskans zouden hebben dan een paar jaar geleden. Tegenwoordig komt de Vereniging Das en Boom ogenblikkelijk in actie bij een melding van een gesneuvelde zogende das: gepoogd wordt om de jongen te vangen; als dat lukt belanden ze in het dassenopvangcentrum van de vereniging. Daar zijn de overlevingskansen bijna 100 procent. Zodra de dieren in het najaar worden uitgezet daalt dat percentage echter weer aanzienlijk: van de ongeveer 1000 Nederlandse dassen – 900 in januari, 1200 na de geboorte van de jongen – komen er jaarlijks naar schatting 300 om het leven, verreweg de meeste in het verkeer. Daarvan worden er ongeveer 230 gevonden en gemeld, aldus bestuurslid Toine Cooijmans. 'Op dit moment is sprake van een evenwicht tussen aanwas en sterfte, maar het is delicaat. Naar schatting leefden in 1960 nog 2200 dassen in Nederland, en een paar eeuwen geleden meer dan 10 000.'

In een riant pand van Staatsbosbeheer, bovenop de steile heuvels bezuiden de uiterwaarden van de Waal bij Nijmegen, huurt Das en Boom kantoor- en opvangruimte, dit laatste in het souterrain. Het is juist voedertijd en uit het trapgat klinken geluiden die van ongeduld getuigen. Beneden doen vijf jonge dassen met nauwelijks te beschrijven energie aanvallen op het stalen schot dat hen scheidt van hun ontbijt. Aan de andere kant zet hun pleegmoeder, Lucy van der Lee-Kloosterman, volle bakken klaar alvorens zich uit de voederruimte te verwijderen. Het schot wordt gelicht en vier dassen stormen als een raket naar binnen. Na enkele aanmoedigingen volgt ook Willem uit de kroondomeinen, terwijl de andere, onder wie zijn broer Job, al ten minste de helft van het voer naast hun bakken hebben gegooid.

Job liep op 23 april in een van de vallen die bij zijn ouderlijke 'burcht' waren gezet nadat zijn moeder was doodgereden, en Willem vijf dagen later. Willem had dus langer zonder voeding geleefd, in totaal tien dagen. 'Hij was van ellende zand gaan eten,' zegt Lucy van der Lee. Of jonge dassen gevangen kunnen worden hangt af van hun leeftijd. 'Ze worden omstreeks februari geboren,' verduidelijkt Van der Lee. 'Na acht tot tien weken gaan ze voor het eerst de burcht uit, en met hun moeder foerageren. Als de moeder in die periode doodgaat zullen de jongen de burcht uit zichzelf verlaten, en heeft het zin om vallen neer te zetten. Maar als ze nog nooit buiten zijn geweest zullen ze dat niet op eigen kracht doen. Wij staan dan eigenlijk machteloos.'

In theorie zijn er dan nog twee manieren om de

jonge dassen in handen te krijgen. Uitgraven is echter bij de wet verboden, en heeft als tweede bezwaar dat de burcht vernietigd wordt. De andere mogelijkheid biedt de speciale teckel van Das en Boom, die door louter ruiken kan vaststellen of in een burcht levende dassen zitten. 'We zouden hem naar binnen kunnen laten gaan om de jonge dassen naar buiten te jagen,' aldus Van der Lee, 'maar de kans bestaat dat er ook nog één of meer volwassen dassen in zitten, en dan wordt onze hond zeker afgemaakt.'

Is er wel reden om vallen te plaatsen, dan volgt een zware tijd. Twee, soms drie keer per etmaal rukt Das en Boom dan uit om te controleren of de val niet door vandalen in het ongerede is gebracht – wat regelmatig voorkomt – en om een mogelijk aanwezige das er uit te halen. Zo werden op 8, 10 en 11 april Zilver, Gwenn en Brichtje ingesloten bij hun burcht in de buurt van Meerssen, nadat hun moeder op 5 april was gesneuveld. Samen met Job en Willem ontfermen ze zich nu over de laatste resten dassenvoer, terwijl uit andere hokken tekenen van onrust komen.

Niet van de 15-jarige das die enkele weken geleden bij Geleen werd aangetroffen, want die slaapt. Ze woog nog maar de helft van de normale tien kilo, en kon zo uit het landschap worden gelicht. 'Vermoedelijk pure ouderdom,' zegt Van der Lee. 'De eerste dagen heeft ze alleen maar geslapen onder een warmtelamp, ze kon zelfs niet meer eten. Nu loopt ze weer rond.' Wel onrustig is Ahorn, dit jaar geboren en in een achtertuin aan de Veluwezoom aangetroffen. Infuusvoeding bracht hem er in eerste instantie bovenop. Elders zitten nog drie zeer schuwe leeftijdsgenoten. Ze konden direct na aankomst al op vast voedsel leven, in tegenstelling tot de andere zes jonge dassen die eerst bij Van der Lee thuis bivakkeerden, om de drie uur de fles kregen en nu handtam zijn.

In het dassenopvangcentrum kwamen in vijf jaar vijfenveertig dassen tot halfwasdom of op krachten. Daarvan zijn er nu vijfendertig uitgezet – alle voorzien van een tatoeagenummer, en één met een radiozendertje dat hij na korte tijd wist af te werpen. Volwassen dieren kunnen zo worden losgelaten, zij het bij voorkeur in gezelschap van een tweede waarmee het in de crèche klikte. 'Ze ruiken de aarde en zijn weg,' is de ervaring van Van der Lee. 'Maar als we wezen uitzetten doen we dat bij een bestaande, onbewoonde burcht, met een raster van vijftig bij vijftig meter eromheen. Daar worden ze bijgevoerd. Als ze in die tijd aan de burcht werken voelen ze zich kennelijk happy. En we kijken of ze contact maken met andere dassen: als we dassensporen aan de buitenzijde van het raster vinden gaat het de goede kant op. Na drie maanden maken we gaten in het raster. We gaan dan door met bijvoederen, tot het niet meer wordt opgenomen.'

Cooijmans wijst erop dat al deze inspanningen met de helft gereduceerd kunnen worden 'door simpel wat geld te stoppen in het oplossen van de verkeersknelpunten' – Das en Boom-jargon voor kruisingen tussen mensen- en dassenwegen. De 200 belangrijkste daarvan zouden veilig gemaakt kunnen worden door de aanleg van een dassentunnel, ofwel een buis onder de weg. Vooral dankzij Das en Boom zijn er de laatste jaren al tientallen tunnels aangelegd en veel andere gepland. Cooijmans vindt het beleid echter niet consequent. 'De nieuwe rijksweg Nijmegen-Boxmeer is redelijk optimaal ondertunneld. Maar op de rijksweg Arnhem-Apeldoorn zijn er maar vijf gemaakt. Een heel triest aantal. Men vraagt ons vaak of de dassen er inderdaad gebruik van maken. Dat doen ze zeker. Dassen hebben met donkere tunnels geen enkel probleem. Er moeten wel stukken raster naast staan, anders steken ze toch nog een meter naast de tunnel de weg over. Gemiddeld kost zo'n tunnel tienduizend gulden (€ 4537,80), dus voor twee miljoen heeft Nederland weer een groeiende dassenpopulatie.'

(19-7-1989)

Naschrift: Nederland heeft nu honderden dassentunnels en een groeiende dassenpopulatie. In totaal leven er nu zo'n 3000 dassen in Nederland. In de crèche van Das en Boom werden sinds de opening in 1985 ruim 200 dassen opgenomen en weer uitgezet.

Boswandeling

Sommige dieren blijven je lang bij, zoals de das die ik op 29 juli 1994 om 21.20 uur een tel of tien langs een pad in de noordoosthoek van de Hoge Veluwe zag scharrelen voordat hij in de struiken verdween. Het nabijgelegen Hoenderloo werd geteisterd door een kermis, muziek schetterde keihard over bos en veld, en waarschijnlijk was hij wakker geworden, want normaal gaan dassen pas stappen als de nacht valt. Als ik daar een kleine zes jaar later weer wandel zie ik hem ook weer wandelen, en sta een moment stil bij de plek – en bij het feit dat hij nog steeds, te lang al, mijn laatste das is. Maar niet lang meer. Een paar minuten verder, om 21.01 uur, dendert er een in volle vaart van rechts naar links mijn brede zandpad over, in een soort golvende galop en ruwweg in de vorm van een grote druppel, alsof zijn achterlijf vol zit met havermoutpap. Een beetje onbeholpen, niet echt snel – maar wel een das! De vraag waarom hij zo'n haast had is nog verre van gesteld als het antwoord in de gedaante van een wild zwijn op precies dezelfde plek het pad overstormt, met drie of vier tellen achterstand. En net als de laatste haren van de zwijnenstaart achter het groen verdwijnen nog een, die halverwege de oversteek een moment stilstaat, me aankijkt, vaststelt dat ik geen boswachter ben en de race hervat. DIEREN NIET VERONTRUSTEN wordt bezoekers van het park aan alle kanten vermaand; maar die regel geldt alleen als er personeel kijkt, zullen de zwijnen geredeneerd hebben. En verder hadden ze de borden natuurlijk niet gezien.

Waarom achtervolgen zwijnen een das? Om met de das in kwestie te spreken: *Why me?* Of hadden de zwijnen al wroetend per ongeluk de das de stuipen op het lijf gejaagd en probeerden ze hem nu in te halen om hun excuses te maken? We weten het niet en we zullen het nooit weten. Zoals wel vaker in de wetenschap beperken we onze metingen tot het meetbare, in dit geval de afstand achtervolging-getuige. Ik tel zeventig passen, loop terug naar waar ik stond en zie halverwege links een zwart-witgestreept beest gehaast van links naar rechts een zijpad oversteken, deze op een meter of tien. Das-2 kwam uit hetzelfde bosje als das-1, zoveel staat vast. Hun omgekeerde looprichtingen kruisen elkaar een meter of vijfendertig van de T-kruising waar het zijpad begint, aannemende dat ze min of meer rechtdoor liepen zoals meestal wanneer je hard loopt, tenzij je een haas bent of een konijn. Echter: het is inmiddels 21.05 uur. Aannemende dat das-1 en das-2 samen waren toen de zwijnen toesloegen, wat goed kan omdat dassen vaak samen opereren, rijst de vraag: Wat deed das-2 tussen 21.01 en 21.05 uur? Zocht hij dekking tot het weer stil was? Onder de inzenders van het juiste antwoord zal geen boekenbon worden verloot want opnieuw is het juiste antwoord onbekend. De natuur is een mysterie, zei Aristoteles ooit, en dat geldt zeker voor achtervolgingen van dassen door wilde zwijnen in dichtbegroeid terrein.

Minutenlang blijf ik staan in de hoop op nog meer spektakel, maar de oogst blijft beperkt tot het gealarmeerde blaffen van een ree om 21.12 uur, in de verte en in de richting waar das-1 en de zwijnen zich repten. Even later vervolg ik mijn weg via het begraste zijpad en sla tweehonderd meter verder linksaf een nog begraster pad in, een van de mooiste van de hele Veluwe, tussen kaarsrechte hoge grove dennen en een dichte, weelderige loofbegroeiing van een paar meter hoog waar wild, bleek al vaak, het erg leuk vindt. Niet leuk: tegen alle goede voornemens in trap ik op een takje en vrijwel ogenblikkelijk komt tien meter verder aan de rand van de ondergroei een groot zwijn in de hoeven. Zwijnen doen niets maar deze doet wel mijn adrenalinepeil op topsnelheid stijgen. In de eerste verwarring had hij elke kant op kunnen rennen. Hij doet dat ook heel even, om vervolgens onder luid snuiven en oinken een paar baantjes door het struweel te trekken, soms wat verder bosinwaarts, soms vlak langs me, zonder dat er iets valt te zien. Ik hoor hem stilstaan, vermoed dat zijn *Jurassic Park*-achtige gegrom ook iets met een tweede zwijn te maken zou kunnen hebben, en verheug me bij een dalend adrenalinegehalte in het oplossen van de nieuwe natuurpuzzel, tot het nog luidere brommen van een verkeersvliegtuig alle Veluwegeluiden uitwist. Anders had ik ook het gekraak gehoord waarmee een hert door de bosschages brak terwijl ik richting zwijn(en) staarde. Honderd meter voor me zie ik hem ineens als een standbeeld op het pad staan, zijn kapitale gewei vol takken en bladeren.

Het is 21.19 uur. Twee minuten kijken we elkaar roerloos aan terwijl het vliegtuiggeraas wegebt, terwijl langzaam weer overal vogels hoorbaar worden, terwijl één of twee zwijnen nog wat ver gesnuif produceren en terwijl oranjerood zonlicht op de kruinen van de dennen valt. Dan hervatten we elk onze wandeling.

(27-6-2000)

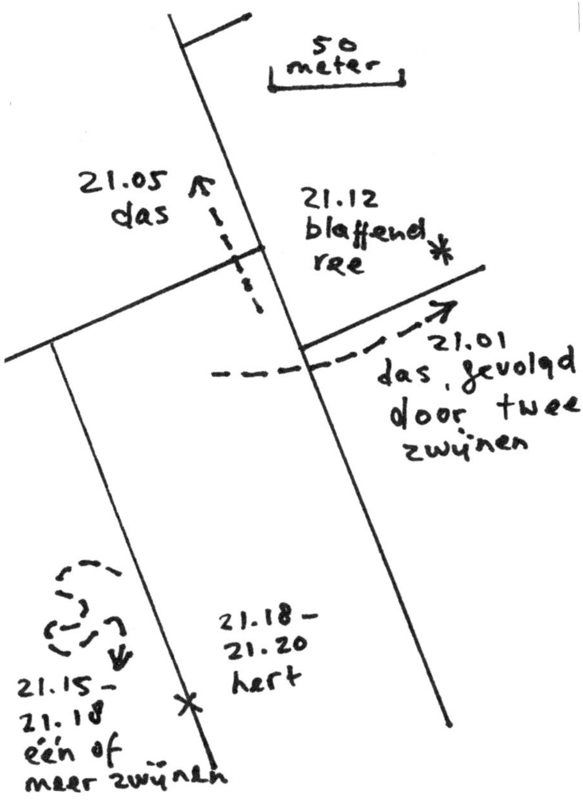

Reeën

Als huisvrouwen zich bij 's lands grootste kruidenier verdringen rond afgeprijsde herten- en everzwijnrollade, is het op de Veluwe extra rustig. Drie maanden geleden was doorlopen vrijwel ondoenlijk omdat op een traject van vier kilometer negenmaal gestopt moest worden voor één of meer stuks wild. Iedere keer verrekijker en aantekenboekje erbij tot ze doorgelopen waren, omdat het anders zonde was – dat schoot niet op.

Nu gaat het beter. Terwijl enorme wolken, slagregens en regenbogen het uitzicht langs de snelweg Den Haag-Veluwe bepalen, blijkt het reisdoel zelf een meteorologische oase: er is eigenlijk geen weer. Alleen wat bijna horizontale zonnestralen en verder gewoon het landschap. Per fiets zoef ik een uur voor zonsondergang over het rooster dat het asfalt onderbreekt waar een hoog hek de natuur onderbreekt. Als je dat vaker gedaan hebt, worden je zintuigen automatisch op scherp gesteld bij de snelle omfloerste roffel van fietsbanden tegen de ijzeren spijlen in het wegdek. Achter iedere boom kan nu een hert staan, iedere slecht geobserveerde struik kan een zwijn zijn – tot het tegendeel is bewezen of tot je de berm in rijdt.

Vandaag helpt de natuur. Over het Oud Reemsterveld rennen op grote afstand drie herten met precies dezelfde kleur als het terrein, maar het lage tegenlicht voorziet ze van ragfijne, heldere contouren, en in de koude avondlucht blazen ze kleine stoomwolkjes. Later, als de zon weg is, sieren steeds meer slierten sneeuwwitte nevel de kommen in het landschap. Zo verraden twee reeën hun aanwezigheid: in een iets donkerder grijstint tekenen ruglijnen, koppen en grote oren zich bewegingloos af. Wat zij zien kan nauwelijks duidelijker zijn. In de hoop een struik te lijken loop ik in slow motion hun kant op. Ze doen een paar stappen en kijken weer. Ik doe ook een paar stappen, tot ze me het nadeel van de twijfel geven: zonder kleur of detail – alleen een spel van meer en minder grijze vlakken – springen ze richting bosrand, alsof ze bezig zijn bij de opnamen voor een natuurkalender.

(13-11-1991)

Bronsttijd

In het bermlandschap langs de weg door de Hoge Veluwe voeren twee herten een luide dialoog. Eén gaat schuil tussen vliegdennen, de ander loopt vlakbij door het stuifzand en vertoont zich even in silhouet tegen de donkerblauwe oostelijke horizon. Het is weer zover: de 1500 edelherten van de Veluwe zijn begonnen aan de bronsttijd. Tijdens een vroege wandeling in de kroondomeinen was elf dagen geleden al af en toe een burlend hert door de ochtendnevel te horen, en sinds een paar dagen zijn de gevechten om de hindes in volle

gang. 'Hert' is de vakterm voor mannelijk edelhert, 'burlen' is het geluid dat de herten tussen medio september en medio oktober maken om de hindes op hun aanwezigheid te attenderen en om elkaar te imponeren. Het lijkt op het loeien van een koe, maar dan veel mooier en harder.

De hindes houden zich stil, afgezien van het incidentele blafachtige geluid dat ze het hele jaar door bij onraad weleens maken. De herten burlen alleen in de bronsttijd. Maar dan worden elf maanden zwijgzaamheid ook ruimschoots goedgemaakt. Wie z'n tent dezer dagen opslaat tussen een paar goed bevolkte 'revieren' (leefgebieden), riskeert veel slapeloosheid. Echte hertenfans vinden dat helemaal geen punt: hoe meer geburl ze horen, hoe liever. Sommige mensen hebben dat met Beethoven, anderen met herten, een enkeling met beide.

Er is ook veel te zien, vooral bij schemering. Alvorens tot de kern van de zaak te komen zijn de herten druk met elkaar. Onder denderend geweigekletter wordt vastgesteld wie welke roedel hindes krijgt, al is er vaak ruimte voor een of meer 'bijherten' die zich met een paar hindes tevreden stellen. Veel herten, de jonge vooral, krijgen helemaal niets. Dat heeft te maken met de geweien, die in januari worden afgeworpen. Totdat ze in hun nadagen gaan 'terugzetten' krijgen herten ieder jaar een groter gewei dan het jaar daarvoor. Van een 16-ender is sprake wanneer de grootste geweitak acht uiteinden telt; maal twee is 16-ender. Een 16-ender heeft dus vaak slechts vijftien of veertien enden, maar het is dan ook een door mensen bedachte telmethode. De Veluwse maxima liggen in de orde van vierentwintig enden. Hoe groter het gewei en hoe zwaarder het hert (tot 150 kilo), hoe meer succes bij de gevechten en hoe meer hindes. Overigens is het zien van het gewei van een tegenstander voor veel herten al aanleiding om een krachtmeting te vermijden en ervandoor te gaan.

De gevechten zijn zeker niet zonder risico. Dodelijk letsel komt af en toe voor, twee jaar geleden nog op de Veluwezoom. 'Een missteek,' meent D.A.C. van den Hoorn van de Vereniging tot Behoud van het Veluws Hert. 'De herten hebben geen moorddadige gevoelens voor elkaar, het is een wederzijds gerespecteerd ritueel. Maar bij mensen heb je dat ook wel eens: dat ze door het dolle heen raken en blijven doorvechten.' Gebrek aan respect speelde een jaar geleden vermoedelijk een rol bij een dodelijk ongeval op de Hoge

Veluwe. Op 25 september werd daar een dood hert aangetroffen dat met zijn gewei verstrikt was geraakt in de takken van een boom. Nek gebroken, dachten de vinders eerst, maar een gat in zijn schedel leidde tot de conclusie dat hij na het vastraken was aangevallen door een ander hert.

Minstens zo bizar was een sterfgeval in de kroondomeinen, begin oktober vorig jaar. Een velddag bosbouw van een paar leerlingen en leraren van IPC De Groene Ruimte in Schaarsbergen kreeg een onverwachte wending toen ze een kapitale 20-ender in het terrein ontwaarden. 'Hij stond met zijn kop omlaag en we dachten dat hij met een ander hert in gevecht was,' aldus instructeur Hugo van Bijsterveldt. Was ge-

weest, bleek toen ze dichterbij kwamen. 'Hij zat met zijn gewei vast aan het gewei van een 16-ender die dood op de grond lag. Die beesten zijn oersterk, ze waren alle kanten op gesprongen, en één had zijn nek gebroken. De kop lag er een beetje los bij.' De jachtopzichter werd gewaarschuwd, een veearts geraadpleegd, en drie uur later kon de redding beginnen. Verdoving bleek geen geschikte oplossing. Het levende hert kreeg een net over zich heen, viel om, en werd vervolgens door vijf IPC-cursisten in een houdgreep genomen. Van Bijsterveldt: 'Zeker in de bronst zijn het niet zulke frisse beesten. Een bok kan stinken – maar zo'n hert, dat is abnormaal! We hebben daar nog de hele dag plezier van gehad. Toen we een motorzaag startten en in de buurt van zijn kop kwamen, begon hij als een dolle om zich heen te slaan, hij was niet meer te houden.' Met een deken over zijn kop lukte het beter: op twee of drie plaatsen werden de stangen van het dode hert doorgezaagd. Daarna kon het net weg, een uur na het begin van de operatie. Van Bijsterveldt: 'Hij kwam in de benen, keek even versuft om zich heen en ging ervandoor. Kennelijk had hij er weinig van geleerd, want een paar dagen later was hij alweer met de bronst bezig.'

De hindes voeren de regie over de bronsttijd. Zij vormen de roedels en daar komen de herten op af. Komt er maar één hert, dan heeft hij geluk, en dat komt tegenwoordig vaker voor dan vroeger. Doordat er minder wordt bijgevoederd verspreiden de edelherten zich veel meer over het terrein: dat betekent meer en kleinere roedels zodat meer herten zich kunnen voortplanten. Jammer voor de toeristen maar Van den Hoorn is er niet rouwig om: als tientallen hindes door één hert worden beslagen neemt de genetische variëteit af. En die staat al erg onder druk omdat hoge hekken en drukke verkeerswegen de Veluwse hertenpopulatie in negen deelpopulaties opdelen. 'Vroeger kon je kort voor de bronsttijd op één dag nog wel eens meer dan tien herten zien langskomen die van de Midden-Veluwe naar de hindes op de Zuidoost-Veluwe trokken. Het gebeurt nog steeds, nu via het wildviaduct bij Woeste Hoeve, maar minder dan vroeger. Na afloop gaan ze weer terug. De hindes trekken niet, die blijven waar ze zijn.'

Herstel van de trekmogelijkheden en verruiming van het natuurlijk voedselaanbod zijn twee belangrijke elementen van het huidige edelhertenbeleid. Van den Hoorn: ‘In de bosbouw wil men af van de monoculturen. Vooral fijnsparren en beuken houden veel licht tegen. Afwisseling, en dan liefst van dennen en eiken, is veel beter voor het wild, want daarmee krijg je een veel rijkere bodemvegetatie. Leden van onze vereniging hebben inmiddels 40 000 jonge eiken op de Veluwe geplant.’ Ook positief is dat de laatste jaren aardig wat rasters zijn gesloopt of plaatselijk verlaagd, zodat het wild eroverheen kan springen (met poortjes voor de wilde zwijnen). En vooral op de noordelijke Veluwe worden steeds meer boswegen afgesloten voor gemotoriseerd verkeer. Ter compensatie van de sterkere spreiding van de edelherten wil Van Den

Hoorn graag dat het publiek betere mogelijkheden krijgt om ze te zien, vooral tijdens de bronst. Maar anderzijds: ‘De menselijke druk op de Veluwe is veel te groot: verkeer, recreatie, heteluchtballonnen... allemaal gevaarlijk voor de kwaliteit van het bestaan van het edelhert.’

Op de Hoge Veluwe is de menselijke druk dezer avonden in ieder geval aanzienlijk – afgelopen zondag bijvoorbeeld. Terwijl een oranjerode zon naar de mistige einder van het Oud Reemster Veld zakt, worden twee grote herten, zes hindes en twee kalveren naast en vanuit zeker veertig geparkeerde auto’s nauwlettend in de gaten gehouden. Geen geburl, geen gevecht, maar er wordt wel hard heen en weer gerend: de hindes en hun kalveren voorop, de twee herten in snelle draf erachteraan. Auto’s en mensen lijken niet te hinderen, het gebeurt allemaal op nog geen tweehonderd meter van het asfalt. Bezoekers van de Hoge Veluwe mogen in de bronsttijd niet van de autoweg af, en dat lijken de edelherten goed te weten.

Rennen ze een flink eind door, dan klappen overal portieren dicht en rijdt het roedel toeristen dezelfde kant op. Een paar keer verplaatsen we ons zo met z'n allen heen en weer, respectievelijk parallel aan en op de weg, tot de dieren zich in het naaldbos terugtrekken. De voorstelling is voorbij, maar een kwartier later en drie kilometer noordelijker volgt een tweede als geburl zich mengt met het geluid van mijn auto. Parkeren, motor af. Soms stotend, soms langgerekt burlend zijn de herten elkaars brulboei en markeren ze de plek waar de ander beter niet kan komen. Koelte verdringt ondertussen de herinnering aan een warme dag, duisternis wint het van de laatste paarse veren boven de plaats waar de zon verdween. Een paar vleermuizen zijn net op en ook de herten hebben nog een lange nacht te gaan.

(23-8-1993)

Vijftien gulden (€ 6,80) schade per zwijn

Terwijl het zonlicht afneemt stroomt de achterzaal van restaurant Prinsen te Ugchelen vol. Enkele tientallen heren en een enkele dame drinken roezemoezend koffie. Verder vallen ze nauwelijks op, want donkergroene kleding camoufleert hen in het rustieke interieur van de uitspanning. Straks, in het Staatswildreservaat dat zich bezuiden Ugchelen uitstrekt, hopen zij helemaal onzichtbaar te zijn – althans voor de wilde zwijnen, die vanavond geteld zullen worden. Iedereen die deze streken wel eens doorschreed teneinde een zwijn te ontmoeten, zal zich afvragen hoe het in hemelsnaam mogelijk is ze op één avond allemaal te zien te krijgen. Daarmee samenhangend rijst de vraag hoe betrouwbaar de telling is wanneer sommige exemplaren zich misschien wel drie of acht keer laten turven. En om te beginnen: waarom al deze moeite?

Expert bij uitstek is ing. B.E.J. Litjens, stafmedewerker grofwild bij het consulentschap voor Gelderland van de directie natuur, milieu en fauna van het ministerie van Landbouw en Visserij. Sinds jaren coördineert hij de wildtellingen op de Veluwe. 'Tot de oorlog kwam het zwartwild hier bijna alleen voor in omrasterde gebieden,' aldus Litjens. 'Tijdens de oorlog zijn er veel ontsnapt, en er waren na '45 ook beheerders van onomrasterde gebieden die ze wilden hebben. Het probleem was de landbouwschade, door het omwroeten van bijvoorbeeld aardappelvelden.'

Zo consumeerden en vernielden de omstreeks duizend onomrasterde zwijnen in 1976 voor *f* 225,- per zwijn aan landbouwgewassen, maar sindsdien daalde die grafiek tot vijftien gulden (€ 6,80) per zwijn in 1986. Behalve met het omrasteren van een deel van de akkers, heeft die daling te maken met de tellingen, verduidelijkt Litjens. 'Per jaar breidt de zwartwildpopulatie zich met 135 procent uit, dus is afschot noodzakelijk. Door de tellingen krijg je een heel precies beeld van de populatieopbouw, zodat je beter kan bepalen welke stukken geschoten moeten worden. Als je vóór oktober een zeug afschiet, zijn de biggen nog te veel aan de moeder gebonden en gaan dan zwerven, bijvoorbeeld naar landbouwgebied.'

Bekend is dat één zwijn zonder bijvoedering 70 tot 100 hectare Veluwe nodig heeft, dus valt voor een leefgebied uit te rekenen hoeveel dieren het daar bij een gegeven hoeveelheid bijvoedering kunnen volhouden, en dus uit de landbouwgebieden blijven. Door in het midden van een gebied te voederen wordt de honkvastheid verder bevorderd. Litjens: 'Het leefgebied waar we vanavond gaan tellen is ongeveer 4500 hectare. De voorjaarsstand, voordat de biggen worden geboren en na het jachtseizoen, bedraagt daar honderd varkens. In theorie zouden er nu dus 235 moeten zijn, waarvan 135 biggen, maar dat kan sterk afwijken.' Migratie tussen de acht onomrasterde leefgebieden komt weinig voor, en hoeveel dieren met vergunning werden afgeschoten sinds de telling van vorig jaar is exact bekend. Als onzekere factoren resteren dan de natuurlijke aanwas, en aan de debetzijde verlies door verkeer (veel, maar onbekend hoeveel), stroperij (vooral door de populatie van het Arnhemse Spijkerkwartier) en ziekte.

Met de fotograaf en met jachtopziener E. Trachsler vorm ik één van de zeventien telploegen die naar evenveel voederplaatsen afreizen. Gedurende een paar weken zijn daar iedere avond maïskorrels of de nauwelijks grotere 'hertenbrokken' gedeponeerd. Zeer lekker, maar heel erg wijd uitgestrooid en soms ook nog ondergeharkt, zodat de maaltijd tot diep in de nacht duurt. Gevolg is dat de zwijnen, die overdag rusten, iedere avond op dezelfde voederplaats komen. Het tellen wordt zo betrekkelijk simpel, waarbij verondersteld wordt dat alle zwijnen in het telgebied van het voederen op de hoogte zijn en inderdaad ook komen. Deze veronderstelling is volgens experts vrijwel geheel terecht.

Na het uitstrooien van drie emmertjes hertenbrokken rijdt Trachsler de terreinauto op een heuveltje, zeventig meter verder. Varkens zien slecht, dus een paar dennentakken voor de grille zijn voldoende, waarna we in de cabine wachten op de zwijnen die komen gaan. Het is acht uur en we kijken in noordelijke richting naar een zacht glooiend terrein, dat links van de brokken spaarzaam, en rechts daarvan dicht begroeid is. De fotograaf houdt een telelens van ettelijke kilo's gereed, Trachsler spreekt op gedempte toon over zwijnen. 'Een edelhert is imposant, een ree is gracieus –

maar die varkens, da's oerwild. Bij zo'n najaarsstorm blijft ander wild in dekking, maar zij gaan de lanen op, naar eikels zoeken. Daar heb ik bewondering voor, die drang om te overleven. Ik sta altijd verbaasd van hun herstellingsvermogen, bijvoorbeeld na een aanrijding. Je ziet op de voederplaats wel eens zo'n invalide rondkruipen – die moet je dan afschieten.'

Trachslers hond is nog maar net genezen van de landing na een luchtreis die was begonnen op de snuit van een gewond zwijn. Ook een verkeersslachtoffer. Talloos zijn Trachslers verhalen, en dat is maar goed ook want alle hertenbrokken liggen er nog. Een woedende dame in Epe verzocht Trachsler de 'hele kudde zwijnen' af te schieten die in haar vijver had gelegen en aan haar perzikboom had gezeten – en kreeg te horen dat ze maar een raster om de tuin moest leggen en dat de zwijnen eerder op de Veluwe woonden dan zij.

De fotograaf meet verontrust het snel afnemende licht. Een dertigste seconde, en nog geen zwijn te zien. Uit zijn leertijd op de Hoge Veluwe herinnert Trachsler zich een grote keiler (een mannelijk zwijn) die vanuit de struiken bij de voederplaats graag mocht uitvallen naar de strooiende stagiaire. 'Kwam je met je emmertje, en dan wroemmmmm!!! Altijd datzelfde varken. Er is van alles aan gedaan: stukken hout naar zijn kop, een schot hagel van grote afstand, zodat het niet doordrong – maar hij werd alleen maar agressiever.'

Een reebok passeert ongeïnteresseerd de hertenbrokken. Iets later stelt de fotograaf somber vast dat het te donker is voor opnamen. Hij gaat maar naar huis. Trachsler ergert zich. De varkens hadden er al lang en breed moeten zijn.

Tien voor tien. Iets zwarts flitst de voederplaats over, gevolgd door nog meer zwarts. Ik grijp een kijker: het samengedrukte, kleurloze terreinbeeld zit tjokvol varkens. We tellen nu het nog net kan. Vier volwassen dieren – zeugen, ziet Trachsler direct. Vijf eenjarige varkens – een slag kleiner en een tint lichter. En, haast onzichtbaar, een zwerm gestreepte biggen – 'pyjama's,' zegt Trachsler. Hij meent er elf te zien. Alles rent heen en weer. De biggen maken soms zulke scherpe bochten dat een kleine stofwolk oplicht. De ouderen wisselen het eten soms af met een hap naar een van de anderen, wat een ferme gil oplevert – zeker geen 'oink'.

Het telformulier wordt ingevuld en we noteren dat ze om 21:50 uur uit het oosten kwamen. Zo kunnen dubbeltellingen worden geëlimineerd. Een groep varkens heeft een hechte samenstelling, en zou blijken dat een rotte met dezelfde samenstelling eerder op de avond in westelijke richting vertrok van een voederplaats ten oosten van deze, dan werden twintig dieren dubbel geteld. En voor alle zekerheid zal over twee dagen deze hele telling worden herhaald.

Na gedane arbeid verlaten we behoedzaam de auto. Beschermd door lichte tegenwind en bijna volledige duisternis reduceren we de afstand tot 25 meter. Een indringende maggi-achtige geur, en gevarieerde smak- en snuifgeluiden waaien ons tegemoet, terwijl het helemaal donker wordt. (12-5-1989)

Een zondag van cultuur en zwijnen

Laatste dag van de Gris-tentoonstelling, bedenk ik omstreeks het middaguur. Ai! Had ik beter niet kunnen bedenken. Ik was nooit een groot liefhebber van het werk van Juan Gris, maar wel van excuses om mijn eigen werk te onderbreken. Ik kan me geen enkele Gris voor de geest halen, dus ik moet haast wel gaan, en het plan om deze zondagmiddag achter de tekstverwerker door te brengen bezwijkt na een korte rekensom: heen en weer naar Kröller-Müller moet in drie uur kunnen, tentoonstelling: een uur, diversen: half uur. Om halfvijf kan ik weer thuis zijn en des te harder aan de slag, want des te geïnspireerder.

Zo'n laatste dag wil er wel in bij het grote publiek. Het is dringen rond de doeken, en het mooiste museum van Nederland ruikt een beetje naar een gymnastieklokaal. Dondert niets. De schilderijen zijn prachtig en zelfs als ze dat niet zijn is het een intrigerende vraag waarom niet – daaraan merk je dat het kunst is. Geïnspireerd sta ik na precies een uur weer buiten. Nog dertig minuten diversen, en dan als een speer naar huis. Briljante gedachte van Hélène Kröller-Müller om kunst en natuur ruimtelijk te combineren. Achthonderd meter ten zuidwesten van de ingang Hoenderloo zet ik mijn auto in het buntgras en loop vandaar in zuidelijke richting de wildbaan op. Midden op een zondagmiddag hoef je op wild niet te rekenen, maar een halfuur bos en hei kan ook heel leuk zijn. Het loopt anders. Eerste ree na vijf minuten, op dertig meter. We kijken elkaar zeker een minuut aan, ik door m'n verrekijker, zij bewegingloos – als een sfinx in de hoop dan onherkenbaar te zijn. Tien minuten later kruist een reebok op zijn gemak het pad waarover ik net liep. Het kan nauwelijks toeval zijn. Na een paar dagen warm en helder is het nu ineens koud en bewolkt, en misschien denken ze dat het avond is. Hoe dan ook, een derde *capriolus capriolus* springt twee bospercelen verder vrolijk voor me uit.

Zoveel succes vraagt om een verlenging van de route. Ik stoot door naar de rand van het bos en loop dan ter hoogte van de Deelense Was, een ven waar vroeger schapen werden gewassen, langs de zoom van het Deelense Veld, misschien wel de mooiste open ruimte van Nederland, tot de uiterste noordpunt van het Veld, om vandaar in een zo recht mogelijke lijn door het bosterrein naar de auto terug te lopen. Het punt is dat ik al in geen maanden wilde zwijnen heb gezien, en door de gebaande paden te laten voor wat ze zijn kom je ze nog wel eens slapend tegen.

De vaak gestelde vraag of wilde zwijnen gevaarlijk kunnen zijn, moet in twee gevallen met 'soms' worden beantwoord. Een bagge (zeug) die haar biggen bedreigd acht, wil nog wel eens uitvallen. En twee: het zwijn dat zeer onverwacht op zeer korte afstand geconfronteerd wordt met een vermeende tegenstander, kiest ook niet altijd voor de vlucht. Op 13 december 1971 om 14.45 uur, lees ik in mijn aantekenboek, liep ik dwars door een dennenaanplant en ging toen bijna op een slapend wild zwijn staan. Samen met een maat stoof hij er ogenblikkelijk vantussen, maar ik herinner me nog goed het besef dat ik tamelijk machteloos was geweest als ze anders hadden gewild. Bij wandelingen op de Veluwe moet je altijd zorgen voor een paar meter vrij zicht of een EHBO-trommel.

Het parcours van nu is sterk golvend en dicht begroeid – op sommige plaatsen zo dicht dat ik er niet helemaal gerust op ben. Hoge vliegdennen dempen het licht en uitbottend struweel bedekt bijna alle gras. Waar niets groeit lopen wildwissels, zij het helaas niet in een rechte lijn, laat staan naar mijn auto. Een kompas heb je op een schilderijententoonstelling niet nodig, dus na een kwartiertje ben ik ieder spoor bijster, en ik niet alleen. Twee edelherten raggen tien meter verder door het groen en even later kan ik even verder hun bastgeweien boven de begroeiing uit zien hoppen. Ze ruiken en horen me, maar weten niet welke kant ze op moeten draven om van me af te komen.

In een poging ze nog een keer te zien te krijgen, volg ik snel een van de vele wildwissels in wat wel eens de juiste richting zou kunnen zijn, en krijg dan waar ik om vroeg: een fel, dubbeltonig 'oink' terwijl drie, hooguit vier meter voor me twee kastanjebruinzwarte zwijnen overeind vliegen, binnen een seconde van nul tot twintig kilometer per uur optrekken om dan frontaal het groen in te stormen.

Terwijl het adrenalinegehalte van mijn bloed weer langzaam zakt, beklim ik de heuvel naast de lege ketel (slaapplaats) van de zwijnen. Ik hoor de twee herten nog ronddraven, zie vlakbij een ander edelhert tussen de bomen door flitsen en luister naar de krakende takken die verraden waarheen de varkens denken weg te komen. Hoe volmaakt zou de Kröller-Müller-gedachte hier gestalte hebben gekregen, als ik in de lege, nog warme zwijnenketel, een pijp, een *journal* en een gitaar had aangetroffen!

Om acht uur zit ik weer achter mijn tekstverwerker, voor een heel ander stuk dan ik 's ochtends van plan was te schrijven.

(3-5-1993)

Cryptozoölogie

'Het is een belachelijk idee dat de grootste primaat aller tijden hier, in het westen van de Verenigde Staten, voor zou komen, zonder dat de wetenschap daar kennis van heeft!,' zegt Richard Greenwell, na verklaard te hebben dat hij er op dinsdags, donderdags en zaterdags van overtuigd is dat de *sasquatch* of *bigfoot* niet bestaat. Maar op maandags, woensdags en vrijdags verliest zijn scepsis het van de 1500 duidelijke en nog eens 1500 vage getuigenverklaringen sinds 1960. Plaats van gesprek is de centrale meld- en regelkamer in Tucson, Arizona, van de International Society of Cryptozoology, de wereldomspannende organisatie die zich ontfermt over dieren waarvan het bestaan niet vaststaat. Sommige bestaan zelfs nauwelijks in de verbeelding. Het monster van Loch Ness is bekend van radio en televisie, de Tibetaanse reuzenaap, de yeti, dankzij *Kuifje in Tibet* (1960), en de dinosaurussen die nog in het Kongo-bekken zouden rondstappen dankzij *Kongo* (1996) van Redmond O'Hanlon. Maar tientallen andere soorten kunnen zich slechts verheugen in de aandacht van een handvol vasthoudende vorsers – als verheugen het juiste woord is, en als ze inderdaad bestaan.

We hebben het dan onder meer over de reuzengrondluiaard, groter dan een grizzlybeer, die Zuid-Amerika onveilig maakt, en over de Tasmaanse tijger, een gestreept, spaniël-vormig buideldier waarover meldingen blijven binnendruppelen vanuit Zuid-Australië en Tasmanië. Het zijn twee soorten in de categorie anders-dan-officieel-aangenomen-nog-steeds-niet-uitgestorven, want vroeger bestonden ze zeker wel. De yeti-achtigen daarentegen zijn officieel zelfs met terugwerkende kracht onbekend. Minder opzienbarend cryptozoölogisch wild bevolkt categorieën wel-bekend-maar-niet-op-die-plaats (grote katachtigen in Engeland) en aanzienlijk-groter-dan-normaal, zoals de reuzenanaconda en de reuzenoctopus. De reuzenhaai kon in 1976 uit de cryptozoölogische bestanden worden gewist, na de daadwerkelijke vangst van een vijf meter lange *megamouth*.

Cryptozoölogie wordt nog steeds aan geen enkele universiteit onderwezen. Dat komt een gecoördineerde aanpak van deze hardnekkige problematiek niet ten goede, al was de situatie voor 1982 nog ongunstiger. In dat jaar richtten de antropoloog Richard Greenwell en de biochemicus Roy Mackal het genootschap op, dat inmiddels 800 leden telt (met ongeveer 25 in Nederland) en waarvan secretaris Greenwell tamelijk eenzaam het hoofdkwartier bemant en de telefoon aanneemt.

'Er is geen tussenweg: hij bestaat of hij bestaat niet,' vervolgt hij over de sasquatch. 'En er zijn in ieder geval meer dan genoeg aanwijzingen om onderzoek te rechtvaardigen. Mensen die zeggen dat het nonsens is en tijdverspilling – dáár zijn we het mee on-

Richard Greenwell met gipsafdruk van een sasquatchspoor

eens. Het doel van de ISC is niet het bestaan van deze dieren aan te tonen, maar een forum te zijn voor het evalueren van bewijsmateriaal. Sommige soorten bestaan misschien echt, veel andere waarschijnlijk niet. Wij onderzoeken iets waar de gevestigde wetenschap ten onrechte aan voorbij gaat. Gegarandeerd: zodra het bestaan van de sasquatch is aangetoond, zullen veel zoölogen en antropologen zeggen dat ze het altijd al vermoed hadden, maar dat ze voorzichtig moesten zijn.'

Uit een kast haalt hij een plastic zakje met dik, rossig haar, mogelijk van een sasquatch. *Lower Bluff Creek, 31 Aug. 1996, from pine tree*, staat op het etiket. ‘Bigfoots hebben de neiging toppen uit bomen te breken,’ verduidelijkt Greenwell, al vreest hij dat dit weer gewoon berenhaar zal blijken te zijn. Schokkender zijn de veertig centimeter lange gipsafgietsels van pootafdrukken die in 1982 werden gemaakt door de sheriff van Gray Harbor, in de staat Washington. Dat we het werk van een grappenmaker in handen hebben, niet noodzakelijkerwijs de sheriff zelf, sluit Greenwell vrijwel uit. Aan foto’s van dezelfde sporen, de enigszins wisselende posities van de apentenen in het bijzonder, en dan weer vooral de variërende stand van de grote teen, ziet hij duidelijk dat er houten noch rubberen artefacten in het spel waren.

‘Sasquatchsporen zijn niet zeldzaam,’ verzekert hij. ‘Over een periode van veertig jaar zouden duizenden mensen – mensen die elkaar niet kennen – bezig zijn geweest met het maken van sporen? Dat zou nou echt absurd zijn!’

Overigens worden uit China de laatste tijd veel pootafdrukken gemeld van yerens, yeti’s maar dan noordelijker, vooral uit het Shennongjia-gebied in Binnen-Hubei. De Chinese overheid heeft in 1995 een wetenschappelijk onderzoek laten instellen, en reeds in 1990 was Greenwell zelf ter plekke om een televisiedocumentaire over het dier te vervaardigen voor het Britse Channel Four.

Helaas moet hij vaak meemaken hoe waarnemers

van de zwaarbehaarde apen in moeilijkheden komen als ze hun verhaal vertellen. 'Ik heb net een serie gesprekken achter de rug met een echtpaar. Vorige zomer kampeerden ze op een strand in Oregon. Tegen zonsondergang zagen ze in de verte iemand naderen die bij ieder strandmeer stopte, kennelijk op zoek naar schelpdieren. Terwijl ze hem langzaam dichterbij zagen komen, drong het tot ze door hoe enorm groot hij was: tweeënhalve meter, en helemaal behaard. Zij vluchtte naar de auto, hij is gebleven tot de sasquatch tot op tien meter was genaderd, en is er toen ook vandoor gegaan. Na thuiskomst geloofde niemand hun verhaal. Vooral hij is zeer gefrustreerd geraakt. Is inmiddels ook zijn baan kwijt. En ze zijn ook nog eens getraumatiseerd door wat ze meemaakten.'

Laatstgenoemd leed was niet echt nodig, want aanvallende sasquatchen zijn vrijwel onbekend. Greenwell verklaart, na het aanhoren van talloze verhalen: 'Ze gaan mensen juist uit de weg. Er zijn verschillende pogingen gedaan een sasquatch te schieten; maar de kogels leken geen effect te hebben, en in alle gevallen gingen ze ervandoor.' Toch blijft het voor velen schrikken, ineens zo'n sasquatch tegenover je. Paul Freeman van de US Forest Service, die op 10 juni 1982 om 11.30 uur in het Walla Walla-gebied in Zuidoost-Washington een ontmoeting had met vijftig meter tussenruimte, zei nadien: 'Voor het eerst was ik doodsbang in het bos. Hij was groot genoeg om je hoofd in één keer van je schouders te scheuren als hij dat wilde.' En ook: 'I know a bear or a man in a gorilla suit when I see one – and that's not what I saw.'

Onder gevestigde wetenschappers is het sociaal correct om cryptozoölogie af te doen als een grap. Misschien moeten ze zich eens abonneren op het dikke, bloedserieuze, met voetnoten overgoten ISC-blad *Cryptozoology* – of bedenken dat in het verleden vaak hard is gelachen om geruchten over dieren die later echt bleken te bestaan. Greenwell memoreert hoe de eerste berichten over gorilla's door Afrika-kenners als fabeltjes werden weggewimpeld, tot dat niet langer kon, in 1847. Een dergelijk lot trof de okapi tot 1901; de kouprey (een grote rundachtige uit Zuidoost-Azië) tot 1937; de Chacoanpeccari (een varkenachtige uit Paraguay die alleen als fossiel bekend was) tot 1975; en de Vietnamese Vu Quang Ox (uitvoerig beschreven in 'Wetenschap & Onderwijs' van 8 april 1993) tot 1992.

Dat ook de mammoet ooit in deze lijst kan worden opgenomen, wil Greenwell niet uitsluiten, al kent hij voorlopig maar één goede waarneming, uit 1907 in Siberië. Er bereiken hem nog steeds geruchten over restpopulaties, onder meer uit Alaska. 'Maar om eerlijk te zijn, niet veel meer dan geruchten.' Veel blijer was hij met het spijkerharde mammoetnieuws dat in 1990 werd gemeld vanaf het Wrangeleiland, tussen Alaska en Siberië. Bij de koolstof-14-datering van fossielen bleek dat een restpopulatie mammoeten het daar tot 2100 voor Chr. had uitgehouden, zesduizend jaar langer dan elders. Greenwell: 'Ik zei toen meteen: nog vierduizend jaar te gaan – en het wordt steeds cryptozoölogischer!' (26-5-1997)

Retourtje Artis

Achter de kassa kijken kameel en kangoeroe of er nog iemand komt. Hyena noch hamster heeft haast. Rechts rust een ree in zijn ren. Links ligt een lynx te niksen. Ginds een gibbon. Olifanten ijsberen. Dit is Artis in het laagseizoen.

Nu de mensen nog schaars zijn, staan de dieren sterker. Dertig apen staren dreigend van hun rots. Oogcontact met de sneeuwpanter valt ten deel aan ieder die zich in zijn gezichtsveld waagt. Wisenten wachten snuivend tot de wandelaar weer doorloopt. Achter een lage balustrade in het reptielenhuis likkebaarden krokodil en kaaiman in de wetenschap dat een bezoeker op is voor hij wordt vermist. Het mag een geruststellende gedachte zijn dat alle dieren veilig achter tralies zitten – maar het is slechts een gedachte. De werkelijkheid stelt minder gerust: veel bewoners van Artis kunnen uit hun perk wanneer zij willen. De wisenten kunnen hun zware, ijzeren hek van 1,80 meter hoog misschien niet omduwen, ze kunnen er wel overheen springen – zo werd onlangs door een van hen aangetoond. Hij moest toevallig naar soortgenoten in een belendend perceel; voor hetzelfde geld had hij een schoolklas geplet.

Jaren geleden hadden nijlgau-antilopen en axisherten de gewoonte om bijna dagelijks over het hek rond hun perk te springen om het struweel langs het wandelpad in te kunnen korten. Ook dat hek was 1,80 meter hoog.

Co Erhardt, adjunct-chef van de afdeling dierenverzorging, herinnert zich tevreden dat die wegspringende nijlgaus en axisherten pas na sluitingstijd hun hok verlieten en weer present waren als de tuin openging. ‘Ze sprongen meestal vanzelf weer terug. Een enkele keer gebeurde het dat ze nog losliepen als de verzorgers ’s ochtends kwamen. Dan werden ze teruggedreven. En ’s avonds sprongen ze er weer uit. Vaak is het zo dat één in de groep ineens doorkrijgt dat het kan, en dat de rest daarna volgt. Nu doen ze het niet meer.’

Andere dieren doen het nog wel. Henriëtte Plan-

tenga, van de persdienst, meldt terloops dat ze nog onlangs op een avond een ooievaar heeft toegesproken die het overbodig vond om na sluitingstijd bij het bordje CICONIA CICONIA te blijven rondhangen. ‘Wie weet gebeurt het wel veel vaker dan wij denken,’ voegt ze er zorgeloos aan toe. Maar de geregistreerde gevallen alleen moeten ook voldoende zijn om het aantal Amsterdammers dat met open ramen slaapt te reduceren.

Een octopus had de gewoonte om dagelijks na sluitingstijd de glasplaat boven zijn bak te lichten en zich bij de buren weer te laten zakken. De buren werden verorberd, maar de sporen van zijn zuignappen bleven achter en nu kan het dus niet meer. Gekortwiekte aalscholvers ontwikkelden een klimtechniek die hen in staat stelde om met gebruikmaking van poot en snavel over hekken van harmonikagaas te klauteren en zo de pelikanen te bereiken – in het bijzonder hun voederbak. Als die leeg was werd koers gezet naar de gracht vol goudvissen rond de bokkenrots. Wekenlang konden ze dit doen voordat het werd ontdekt – alweer door tegen openingstijd terug te zijn in het juiste perk.

Onzeker is of de snoekbekgaviaal die 23 jaar geleden op een nacht uitbrak ook van plan was op eigen kracht terug te keren. Zo ja, dan had hij er geen rekening mee gehouden dat hij een koudbloedig dier was en dat hij zou belanden in een onverwamde eendenvijver. Voordat hij een eend beet had waren zijn lichaamstemperatuur en enthousiasme sterk gedaald. Insiders houden er evenwel rekening mee dat bonje in het waterreptielenbassin, en niet een eend, reden was voor de uitbraak. Zeker is dat de gaviaal over het hek rond zijn bassin klom of sprong, in een dienstgang belandde en de glazen wand die hem van de vijver scheidde verbrijzelde. Erhardt zat in één van de twee Artis-bootjes die de volgende ochtend uitvoeren om het tweeënhalve meter lange dier te vangen. 'We hadden een stok met een strop van ijzerdraad, maar steeds als we in de buurt kwamen dook hij onder. Toen de strop eindelijk zat begon hij als een gek om zijn lengteas te draaien tot het ijzerdraad brak. Later lukte het met zwaarder draad. We hebben zijn bek dichtgebonden en hem daarna vastgesnoerd op een ladder.'

Vorig jaar kreeg Erhardt opnieuw te maken met een dier dat onderdook om niet gepakt te worden, nu geen gaviaal maar een bever en niet in Artis maar in de Prinsengracht ter hoogte van de Leidsestraat. Hij was uitgebroken door een houten paal, bedoeld om aan te knagen of een dam mee te bouwen, tegen de muur om zijn perk te zetten. Toegejuicht door honderden fans aan de wal en achternagezeten door politie, brandweer, personeel van een dierenambulance en zijn eigen oppas, koerste hij handig tussen woonboten door en dook langdurig onder op de open stukken. 'En dan moest je maar weer afwachten waar hij bovenkwam,' aldus Erhardt. 'Hij kon naar links gaan, naar rechts, vooruit of achteruit.'

Per bootje kon hij de bever tot de Amstel volgen, maar daar verloor hij het contact. Op dat moment had

de politie, wegens een schietpartij elders in de stad, de achtervolging reeds moeten staken – vermoedelijk tot grote spijt van de betrokken agenten.

Dat vermoeden wordt gewekt door de omvang van de respons toen ooit over de hoofdstedelijke politieradio werd omgeroepen dat er een wallaby, een klein model kangoeroe, over de Plantage Middenlaan sprong. Het sympathieke diertje werd klemgereden door zeven patrouillewagens. Wie ongestoord de Nederlandse Bank wil kraken doet er dus goed aan eerst een paar kangoeroes los te laten. Om het verhaal over de bever af te maken: na drie dagen dook hij op bij de Haarlemmerweg, belandde in Erhardts schepnet om daar direct weer uit te springen, en kon een week daarna worden gegrepen op het terrein van de VU in Buitenveldert.

En dan nu de aap die de Wibautstraat wist te bereiken. Zijn uitbraak vormde de climax van een reeks ontsnappingen van de apenrots die werd gekenmerkt door samenwerking en logisch nadenken.

De rhesusapen hadden altijd al – en nog – de gewoonte om warm weer te vieren met een duik in de gracht om hun rots. Verder konden ze niet omdat de muur om de gracht te glad was om tegenop te klimmen. Er zat evenwel een gat in waar de oppasser zijn loopbrug doorheen schoof; was de brug afwezig dan werd het gat afgesloten door een schuif, en deze bood net een richeltje houvast waar een zwemmende aap juist bij kon. Er zijn jaren overheen gegaan voor een exemplaar het door had, maar toen was het ook meteen raak: eenmaal op de rand gaf hij handjes aan soortgenoten in het water, die weer assistentie verleenden aan de rest. Het schuifgat werd dichtgemetseld maar de smaak van vrijheid bleef. Vermoedelijk door het water in te lopen tot waar ze nog konden staan en zich dan af te zetten, sprongen de apen de muur op en de tuin in. Als volgende tegenmaatregel werd boven het water schrikdraad geplaatst. Door snel op de draad te springen en te zorgen dat deze massa maakte met het water, konden de dieren hun vluchtroute openhouden. De muur werd verhoogd. Velen lieten het er daarna bij zitten, maar één mannetjesaap was een paar jaar later zo ver dat hij in één enkele sprong van zijn eiland op de muur kon komen. Eens verliet hij de tuin. Eerst hoog in een boom op de Plantage Kerklaan, waar oppassers kansloos waren, en in de volgende vier dagen verder

Ontsnapte kleine panda in Artis (foto persdienst Artis)

naar het zuiden, tot het dak van een hoog pand aan de Wibautstraat waar een verzorger met een vangzak hem te vlug af was.

Andere dieren waarvan inmiddels vaststaat dat ze hun hok uit kunnen springen zijn de kleine panda, het tedalschaap (zonder aanloop) en, via het klimrek, de gibbon. Daarmee is de lijst vrij lang geworden, en dringt de vraag zich op waarom het nog niet nodig was een hek aan te brengen rond Amsterdam als geheel.

Voorlichtster Plantenga houdt het erop dat de meeste dieren over het algemeen liever in hun hok zitten dan erbuiten. Zeker is dat zowel de enkele-reis- als de retouruitbraken bijna steeds na sluitingstijd plaatsvinden; het wijst erop dat de dieren zich in hun kooi veiliger voelen dan daarbuiten als er mensen rondlopen. Dat de hokken te klein zouden zijn, een bekende klacht, is volgens Plantenga allerminst zeker. Zij wijst op de ijsberen die in hun benauwde, taartpuntvormige kooi in de 'Berenburcht' het ene jong na het andere wierpen, en dat nalaten sinds ze een ruim, noordpoolachtig perceel met uitzicht op de Muiderpoort bewonen. Maar het zou natuurlijk kunnen dat het hoge geboortecijfer alleen maar een pressiemiddel was om een groter verblijf te krijgen.

Een dier dat juist naar een kleiner hok wil is de olifantstier die de zijkant van zijn stoottand met volle kracht tegen de gesloten stalen deur van zijn binnenverblijf slaat; hij wil naar de berg broden, appels, wortels en hooi die daar klaar ligt. Dick Bouquet en Cor Bemelman, zijn oppassers, wijzen op schuurplekken aan de binnenzijde van de staldeur, die om de zoveel seconden een oorverdovende dreun afgeeft en bijkans uit zijn voegen vliegt. Op sommige plaatsen is de dikke verflaag geheel intact, elders is het ijzer spiegelglad gepoetst. Drie meter verder blijkt de scherpe verticale hoekrand van een betegelde muur over een bepaald traject zo rond te zijn als en rijksdaalder. In de pas enkele jaren oude asfaltvloer zit een centimeters diepe loopgeul. Het wijst allemaal op dwangmatige bewegingen. Bouquet past op de olifanten en neushoorns sinds 1950 en is in die jaren niet optimistischer geworden over hun levensomstandigheden. 'Of ze nou in een safaripark van tien vierkante kilometer zitten of in een dierentuin, normaal zijn ze niet meer.'

Maar verrassend genoeg blijken deze neurosen niet gericht te zijn op ontsnappen. Gelet op de vaardigheden van werkolifanten in India, zouden de olifanten in Artis in staat moeten zijn om met wat balanceren en een paar grote stappen de droge gracht om hun buitenperk te passeren, maar ze doen het niet.

Wel verdacht is de bezetenheid waarmee een neushoorn dagelijks urenlang tegen een bepaalde tralie van zijn stal staat te stoten met zijn hoorn. Het is precies de tralie die eruit kan zodat de oppassers erin kunnen: een buis die van onderen vastzit op een nop in het beton en van boven vergrendeld wordt met een boutje. Bouquet houdt de tien centimeter lange bout in zijn hand. 'Hij weet dat de moer eraf gaat als hij maar blijft rammen. Dan kan hij er nog niet uit, maar kan hij wel zijn kop naar buiten steken. Vroeger deden we de moer er half op, maar nu draaien we hem vast tot hij niet verder kan. Dan is hij er nog net niet af als we 's ochtends hier komen.'

Op 11 april 1967 om 11.10 uur 's ochtends wisten twee neushoorns precies zo'n bout los te wrikken, met dit verschil dat daarna een heel hek open kon. Eén schrok terug, maar Faroe stormde richting aquarium, de giraffenoppasser voor zich uit jagend. Een collega wist het eerste ernstige ongeluk in de 129-jarige Artisgeschiedenis te verijdelen door een oude dame achter een bankje te sleuren; het scheelde twintig centimeter.

Na een wilde galop van vijf minuten arriveerde het dier bij een antilopenperk, lichtte met haar hoorn het harmonikagaas en trad binnen. Een duikerantilope stelde zich in veiligheid met een sprong de tuin in. Artis werd ontruimd en een menigte verslaggevers en fotografen installeerde zich op de bovenverdieping van het nabijgelegen wolvenhuis. Acht uur en zeven per pistool afgevuurde injecties later lag Faroe op haar rug. Met dertig man werd ze teruggesleept. Maar ze kwam niet meer bij – te veel verdoving, de verkeerde verdoving of de combinatie van twee verschillende middelen – over de oorzaak tast men nog in het duister.

Het was een zwarte dag in het leven van Bouquet. 'Een nagel aan m'n doodkist,' stelt hij vast, tegen een decor van manshoog opgestapelde kratten winterwortels en een nog hogere berg hooibalen. 'Ik lees laatst in de krant dat meneer Lubbers ziek was geweest, en dat hij daarna nog een paar dagen tijd had genomen om er weer helemaal bovenop te komen. Kijk, zoiets kan ik me hier niet permitteren.'

(11-4-1987)

Adressen

Egelopvangcentra: *ww.vzz.nl/egel/egelopvang.html*

Les Stocker is oprichter van St Tiggywinkles,
The Wildlife Hospital Trust, Aylesbury, Engeland,
00-44-1844-292292
www.sttiggywinkles.org.uk

De Seniorenclub Nationale Dierenzorg, Zijdeweg 56,
2245 BZ Wassenaar, 070-5179852

Vereniging Das en Boom, Rijkstraatweg 174, 6573 PG
Beek Ubbergen, 024-6842294
www.dasenboom.nl

Vogelasiel De Wulp, Heliotrooplaan 15, Den Haag,
070-3231568
www.haagsevogels.nl/wulp

Aqua Lutra/Otterpark Leeuwarden, De Groene
Ster 2, 8926 XE Leeuwarden, 0511-431214
www.otterparkleeuwarden.nl

International Society of Cryptozoology
www.cryptozoology.com